マツダ 心を燃やす逆転の経営

# 逆转经营

## 马自达的自救突围之路

[日] 山中浩之 著

马晓菲 译

机械工业出版社
CHINA MACHINE PRESS

本书主要通过采访马自达前会长金井诚太先生,介绍了自20世纪90年代日本泡沫经济破灭后,马自达多次从逆境中走出的秘诀所在。马自达在日本乃至全球算不上顶尖的汽车制造企业,但它自20世纪90年代后屡次陷入危机,又屡次从危机中崛起,至今仍然屹立不倒。马自达的车身造型、生产、研发吸引了很多马自达迷,其经营理念和方法总能使其从逆境中反转,为业界所称道。马自达的执着精神和经营之道值得业界学习研究。

本书适合企业管理人员、战略研究人员及对马自达感兴趣的读者阅读。

MAZDA KOKORO O MOYASU GYAKUTEN NO KEIEI written by Hiroyuki Yamanaka
Copyright © 2019 by Nikkei Business Publications, Inc. All rights reserved.
Originally published in Japan by Nikkei Business Publications, Inc.
Simplified Chinese translation rights arranged with Nikkei Business Publications, Inc.
through The English Agency(Japan)Ltd. and Shanghai To-Asia Culture Co., Ltd.

北京市版权局著作权合同登记　图字:01-2020-5850号。

## 图书在版编目(CIP)数据

逆转经营:马自达的自救突围之路/(日)山中浩之著;马晓菲译. — 北京:机械工业出版社,2022.4
ISBN 978-7-111-70481-2

Ⅰ.①逆… Ⅱ.①山… ②马… Ⅲ.①汽车企业 – 工业企业管理 – 经验 – 日本　Ⅳ.①F431.364

中国版本图书馆CIP数据核字(2022)第054462号

机械工业出版社(北京市百万庄大街22号　邮政编码100037)
策划编辑:母云红　　　　　责任编辑:母云红　徐　霆
责任校对:张亚楠　刘雅娜　责任印制:张　博
中教科(保定)印刷股份有限公司印刷

2022年6月第1版第1次印刷
140mm×203mm・8.75印张・176千字
标准书号:ISBN 978-7-111-70481-2
定价:79.00元

电话服务　　　　　　　　　网络服务
客服电话:010-88361066　　机　工　官　网:www.cmpbook.com
　　　　　010-88379833　　机　工　官　博:weibo.com/cmp1952
　　　　　010-68326294　　金　书　网:www.golden-book.com
封底无防伪标均为盗版　　　机工教育服务网:www.cmpedu.com

# 目录

**开　篇**
- 虽身处谷底却仍手持火把坚持前行的人们 / 002
- 马自达不奉母公司为绝对 / 003
- 雷曼危机及东日本大地震 / 004
- 逆袭的原动力来自工作方式的转变 / 007
- 所谓"失去的 20 年",真的只有失去吗? / 008

**第一章**
**马自达汽车的外观为何如此相似**
- 千篇一律的金太郎糖? / 014
- 虽说没有个性就没有生存的资格…… / 020
- 盲目追求个性带来重复性工作的增加 / 022
- 马自达一度想成为汽车界的索尼 / 025
- 虽资源不足,但仍发起挑战 / 027
- 要投出高速近身球 / 029
- 仅停留于外观设计上的改进毫无意义 / 030
- 时刻提防失败的本能 / 031

**第二章**
**"全新扩张"的陷阱:马自达陷入沼泽**
- "竭尽全力生产滞销的汽车是毫无意义的" / 034
- 想法全部如愿以偿,却并未感受到幸福 / 037
- "已经来不及了,下次再从零开始吧" / 038
- 因变更发动机导致多出的 30 毫米 / 040
- 相关人员,全体集合! / 041

只削减我这部分，那我岂不是吃亏了？ / 043

区区 30 毫米，用时长达两个月 / 044

努力营造人们心甘情愿挥洒汗水的氛围 / 046

专栏：我们的工作绝不应该是"灭火" / 048

## 第三章
## "马自达地狱"的逆转启发

明明可以生产出与本田奥德赛相抗衡的车型，结果却没做到 / 054

"创新制造"萌芽于公司内部培训 / 058

准确预知小型商务车、SUV 风潮的策划人 / 061

这不是马自达该生产的车 / 062

未来与现在混为一谈 / 063

专栏：GVE、VE 是摆脱"常识"及"固有观念"的工具 / 065

## 第四章
## 在福特旗下重新审视汽车制造

模拟试验装置的完成并不意味着可立刻投入使用 / 072

这是一个从零开始重新思考工作流程的契机 / 074

曾因制作评分表而招致怨言 / 077

不对竞争对手做调研者大有人在 / 079

专栏：在标准上再多下点功夫 / 081

## 第五章
## 事关公司前途命运的阿特兹模式

保证一流，争取超一流！ / 086

德国车，等着瞧！ / 088

金井，你来挑战一下吧！ / 089

职业生涯中最不走运的一次经历 / 090

"一款好车，却面临困境" / 092

粗枝大叶的马自达，咄咄逼人的福特 / 093

成本与性能的权衡 / 096

阿特兹也曾多次出现返工问题 / 099

令人难以置信的设计变更 / 100

金井先生，剩下的就交给我吧 / 102

专栏：马自达公司的福特人 / 103

## 第六章 寄人篱下，马自达看不到未来

虽然看似一帆风顺，然而马自达的明天到底在何方 / 108

7 年后，马自达痛失最大市场 / 110

畅谈理想 / 111

让某些公司知道马自达的厉害 / 112

绝不能放弃轿车 / 114

先打造一辆理想的汽车蓝本，再进行个别调整 / 115

理想的车型蓝本真的不存在吗？ / 117

向规模效益信条发起挑战 / 120

对了，不妨看看丰田公司是怎么做的吧 / 121

打头阵的动力系统生产部门 / 124

福特与马自达各有道理 / 125

专栏：跨越二律背反的秘密大公开 / 127

## 第七章 能否点燃"理想中的引擎"

"金井先生，我不懂您的意思" / 132

弱者也应保持自豪 / 134

"始终只做正确的事" / 136

即使让员工随心所欲去做，也难以逃脱自我束缚 / 137

先从发动机开始革新 / 139

目标自然必须是宝马 / 142

"你们的理想就只有这种程度吗？" / 144

本以为是 10 年后，没想到只剩 5 年了！ / 147

专栏：用"同种理念"制造汽车的好处 / 151

## 第八章 福特"默认"下的马自达"暴走"

"移动点位" / 156

"守卫什么才能实现理想？" / 159

一鼓作气，降低风险 / 160

继续因循福特之路可行吗？ / 162

提议"效仿马自达的做法" / 164

为什么福特没有阻拦？ / 165

专栏：改革的最大成效无法在数字中得到体现 / 167

## 第九章 雷曼危机袭来

"应该继续这样做，毕竟没有其他更好的方案了" / 172

"时至今日还研究内燃机？现在已经是混合动力汽车和电动汽车的时代了吧" / 174

公众对电动汽车仍有误解 / 176

电动化不等于电动汽车 / 177

发动机的开发完成了，但是……/ 179

雷曼危机、东日本大地震、泰国大洪灾接踵而至 / 180

"这种情况下仍继续保持高额投资，真的没问题吗？" / 182

用事实证明战略的正确性和可行性 / 184

"如有替代方案，就请拿出来" / 186

奋勇向前，踏上高速公路 / 187

瞬间超越德国车 / 189

为什么不先从阿特兹开始 / 190

向世界证明 CX-5 有多认真 / 191

## 第十章
## 马自达成功点燃了客户的热情

区区 7 年而已，仍要继续努力 / 196

马自达争取到的信任还远远不够 / 197

饱满的热情具有巨大的感染力 / 199

不要担心研发人员笨嘴拙舌，要让他们开口说出自己的想法 / 200

路遥知马力 / 202

销售环节需要变革吗？ / 203

## 第十一章
## 支撑"创新制造"的勇气

失败是成功之母 / 208

早决断、早失败、早修正 / 209

能否进行临时变更取决于决策是否够早 / 211

人要有自豪感和尊严 / 214

借口才是最大的限制条件 / 215

主管在新车发售日往往是心存缺憾的 / 216

失败有两种 / 217

马自达的"合理性" / 220

变革既需要"蚂蚱"，也需要"青虫" / 221

## 证言
## 藤原清志口中的革新故事

立志高目标 / 224

遭到金井训斥 / 225

与福特的经营企划矛盾 / 227

"要考虑脱离母公司！" / 228

福特旗下的公司都有过类似的想法 / 230

"当时并没有用'通用架构'这个词" / 232

其实没有备选方案 / 234

一线员工因何坚持 / 236

"统揽策划"的最大特点在于目标的高度 / 238

不要局限在柴油发动机上,要破界对战 / 240

挫伤勇气的"常识"无处不在 / 241

营销败给志向的瞬间 / 243

## 尾 篇

人皆利己,人皆虚荣 / 246

石油危机时期进入公司,新人时代一直处于底层 / 247

既然不能改变,就快乐地接受 / 249

被崇拜对象夸奖之日 / 251

我没有"想做的事" / 252

分工合作让工作不再愉快 / 254

阻碍突破的工作氛围 / 254

将参与人数转变为竞争力 / 257

"看不见的上帝之手"的真相 / 258

想对他人有用乃人之本性 / 259

内心只是个公司员工而已 / 260

努力学习,一介员工也能推动世界 / 262

靠危机感牵着走并不健康 / 265

无论在多么艰难的时刻,梦想与志向都会给人力量 / 266

后　记(附参考书目) / 268

# mazda
## 逆转经营

开 篇

## 虽身处谷底却仍手持火把坚持前行的人们

本书介绍的是一度在竞争中落败而身处事业谷底的汽车人如何再辟道路,重新找寻自身存在意义的奋斗历程。

讲述人是马自达原会长金井诚太。金井先生是一名专攻车辆设计的地地道道的工程师,他以独特的管理艺术,时而煽动,时而训斥,张弛有度地带领着马自达旗下个性鲜明的技术团队,强有力地推动了"创新制造"。

这是一段披荆斩棘的奋斗之路。

20世纪80年代,马自达全然不顾自身有限的经营资源,紧随丰田汽车和日产汽车之后采取了扩大企业规模的战略。但这一战略却随着泡沫经济的破灭而于20世纪90年代触礁。缺乏长远开发规划使得技术人员疲于应对毫无目的的商品研发计划,销售环节也被迫一味降价,这导致马自达汽车的自身价值不断下滑。

由于企业业绩持续低迷,马自达最终于1996年被纳入美国福特汽车旗下。紧随而至的便是大规模的人员调整，马自达陷入前所未有的困境。困境之中，马自达的汽车销售乱象频生，不仅二手车交易价格大幅下跌，而且这也间接导致针对马自达汽车的置换购车变得异常困难，消费者因此把马自达讽刺为"马自达地狱"。

## 马自达不奉母公司为绝对

在一个企业被强大的外国资本控制，且社长以下的领导层皆由母公司指派的情况下，企业员工往往会形成一种"母公司的意向不得违背"的思维定式，从而使企业陷入思想停滞状态。然而，以金井为代表的马自达人并非等闲之辈，他们没有盲目地遵从福特，而是不断争取和探索如何掌握主导权，打造理想的马自达汽车。

马自达人交出的第一份答卷是金井任首席工程师开发并于 2002 年投入市场的阿特兹（Atenza）第一代。第一代阿特兹是研发团队以"保证一流，争取超一流"为口号，在马自达的完全主导下，从零开始研发成功的，在全世界共获得 134 个奖项，奠定了马自达复活的基础。这不仅使得福特认可了马自达团队的研发力量，更让福特将阿特兹的平台作为自身中级轿车研发的基础。

2005 年，金井就任主管研发的常务执行董事后，便迅速着手制定了十年远景规划。2007 年，马自达对外发布"可持续'Zoom-Zoom'宣言"，这标志着马自达将以树立驾驶乐趣

和环保性能的世界标杆为己任。

马自达在研发上开始注重5~10年期的规划制定,采取针对全部车型的"统揽策划"。在"统揽策划"下,各个车型搭载的主要部件的技术要素是统一的,这使得马自达能够充分发挥自身擅长的计算机模拟技术,从而提高开发效率、降低成本(马自达将其称为"通用架构"设想)。同时,马自达还提出了能够在同一生产线上实现对应车型变更的"弹性生产"设想。上述"一策划二设想"成为马自达"创新制造"的支柱性策略。

简而言之,马自达所做的就是集中优势力量、锁定强势产品、提高研发生产效率,打造马自达独具特色的高性能、优品质、低成本的汽车。这就是马自达"创新制造"的目标。

为此,金井等人认为必须从策划制定、车型精选、生产设备等环节与旧有车型彻底告别。然而,车型范围的缩小即意味着用户的流失,因此,在改革之初马自达内部不乏不理解者和怀疑者。

## 雷曼危机及东日本大地震

马自达自提出"创新制造"设想后,不免让人产生一种马自达想从福特旗下独立出去的猜想。这显然与福特奉行的"在全球化背景下推动汽车同化及规模化效应"的理念背道而驰。对此,金井等人与福特的技术团队展开谈判,最终获得了福特对"马自达路线"的默许。之后,马自达虽然在2008年雷曼危机、2011年东日本大地震等人祸天灾打击下再次陷入困境,但在创新方面的投入一直持续不断。讽刺的是,福特在金融危机的打击下不得不选择分期出售马自达股份,二者开始逐步解除资本业务合作。

● 马自达的业绩变化

2010年10月,马自达推出新一代SKYACTIV(创驰蓝天)技术,并提出了"2015年之前将在全球范围内使所有车型的平均油耗比2008年降低30%"的目标。金井在一次公开演讲中进一步就这一目标指出:"马自达将同时实现汽油和柴油发动机高效、清洁、理想地燃烧。马自达的工程师们找到了改进内燃机的关键技术。"然而,当时正是丰田的混合动力汽车(HV)及日产的电动汽车(EV)备受瞩目之时,因此,媒体及消费者都对电动汽车时代潮流下马自达的逆势之举投来了怀疑的目光。

然而,汽车产业界的风向在2012年发生了变化。这一

年，马自达在发动机等技术上进行了与以往截然不同的改进，将SKYACTIV技术全面应用于马自达第六代汽车的代表作即SUV车型CX-5上，该车型一经推出立刻大受欢迎。此后，马自达又将SKYACTIV技术和整合感十足的"魂动设计"应用于中级轿车阿特兹（Atenza）、销量冠军车昂克赛拉（Axela）系列的末款德米欧（Demio），以及时尚款敞篷双座的Roadster，这些车型均受到了市场的追捧。

之后，马自达的汽车销售量持续增长，2018年3月的单月销售量达到163万辆，创下了连续五年增长的骄人业绩。自应用SKYACTIV技术后，马自达的汽车销售量较之从前增长了近四成。

事实上，马自达的变化不仅体现在数字上，其自身的品牌形象也得到了大幅提升。根据美国品牌咨询（Interbrand）公司的调查，马自达的品牌价值较之2010年的5.77亿美元提高至2019年的17.28亿美元，涨幅逾两倍。

2017年8月，丰田汽车宣布与马自达开展资本业务合作，同时商定将在美国共同设立30万量整车产能规模的合资公司，并决定共同开发电动汽车技术，丰田还同意马自达持有丰田股份，这些前所未有的优厚待遇震惊了业界。这说明，马自达取得的成功吸引了丰田的目光。日本的汽车产业巨头、日本制造业的最高峰丰田汽车决定与马自达共同持股，这一点成为企业经营者看待马自达企业价值的重要参考指标。马自达汽车奉行"绝不生产驾驶体验枯燥乏味的汽车"这一理念。对此，丰田汽车社长丰田章男曾在一次与马自达的合作会见中表示颇有共鸣，并认为这一理念很好地践行了丰田"制造更好的汽车"这一宗旨，对马自达给予了极高的赞誉。正是对马自达高超技术水平的肯定，促使丰田决定不仅要在燃油汽车，而且也要在电动汽车领域与马自达开展业务合作。

## 逆袭的原动力来自工作方式的转变

马自达从"马自达地狱"中重新站起来，并摆脱了福特的控制，实现了与丰田的平等合作，一路走来活脱脱一部华丽的逆袭剧。实现这一逆袭的原动力，就是马自达原会长金井诚太先生推行的"创新制造"政策。

在日本有不少制造企业经历了泡沫经济破灭后的经济增长缓慢期，他们像马自达一样苦于业绩低迷，只能依赖外资。其中，与法国雷诺开展资本业务合作的日产就是一个典型的例子。此外，在电机制造领域也存在类似情况。2011年，三洋电机的冰箱、洗衣机等家电业务被中国海尔收购。2016年，夏普因液晶电视机需求远低于预期而陷入赤字，最终被中国台湾的鸿海精密工业收购。这些企业虽然名义上还继续存在着，但是由于失去了经营主导权，所以它们的研发能力，特别是在研发消费者喜爱的特色商品方面的能力也变弱了，而这一能力原本是企业一直以来的无形资产。

与本田宗一郎共同创办本田汽车的藤泽武夫曾说过这样一句话："照亮前行道路的火把要始终握在自己手中，而非依赖他人。"马自达人的所作所为就像在践行这一句话一样，通过

自主研发设计,披荆斩棘,开辟出了一条道路。

## 所谓"失去的20年",真的只有失去吗?

在日本人们常常将"失去的20年"挂在嘴边。然而,有的企业在"失去的20年"中不但没有失去,反而乘风破浪实现了惊天逆袭。马自达成功实现变革的关键在于点燃了员工心中的热情,就像马自达汽车飞奔时高速旋转的发动机一样。"点燃心中的热情"这句话听起来像老生常谈,似乎毫无新意,但却没有哪句话能比这句话更准确地表达马自达所采取的经营策略了。

当然,如今的马自达并非没有问题。作为企业,其业绩、前景也不是那么完美。不过,我想这样的问题,可能包括金井先生在内的马自达人谁都没有认真思考过吧。重要的是,马自达员工心中的热情因何而燃烧?其原因在于工作方式的巨变。那么,到底发生了什么变化?这种变化是否适用于各自的工作?如果马自达的这种变化是可行的,那么逆袭将不仅发生在马自达身上,也可能在日本其他公司身上成功上演。

带着上述疑问和期待,我在接下来的两年半时间里,不断向"创新制造"的发起人金井先生刨根问底。本书即是我对金井先生的采访实录。在采访中,金井先生热情地、时而又大智若愚地向我们讲述了那些交织着后悔、兴奋、不甘的泪水与笑声的日子,马自达复活背后的故事,以及员工们的自尊与不服输的精神。

开始本书之前,让我们先简单了解一下马自达及金井诚太的历程和汽车的构造。

## 马自达（●）及金井诚太（◆）的历程

|  |  |
|---|---|
| 1950 年 | ◆金井诚太出生 |
| 1974 年 | ◆入职东洋工业（即今天的马自达）底盘设计部 |
| 1979 年 | ◆参加 GVE 导入实习教育 |
| 1987 年 | ◆在保留底盘设计部工作的同时，加入"先期产品策划部门" |
| 1989 年 | ●马自达进入五大渠道体制 |
| 1989 年 | ◆转入车辆设计推进部，负责 Eunos800 车辆的设计 |
| 1991 年 | ◆车辆设计部，兼任新技术 GVE 负责人 |
| 1993 年 | ◆转入策划设计部，负责制定平台计划，为后来"统揽策划"的诞生打下了基础 |
| 1994 年 | ●马自达陷入赤字，开始五大渠道的整合调整 |
| 1996 年 | ●福特汽车获得马自达 33.4% 的股份，马自达的经营权被福特掌握<br>◆就任车辆先行设计部首任部长 |
| 1999 年 | ◆转入主查本部，就任阿特兹（Atenza）主查 |
| 2001 年 | ●马自达开始募集定额 1800 名的退休志愿者，共有 2213 人报名 |
| 2002 年 | ●马自达开始销售第一代阿特兹（Atenza），并荣获年度 RJC 车型奖 |
| 2003 年 | ●井卷久一作为日本人时隔七年就任马自达社长<br>◆就任执行董事，兼任开发管理负责人，翌年就任常务执行董事 |
| 2005 年 | ◆负责研究开发，主导制定了"2015 年愿景商品及技术" |
| 2006 年 | ●马自达开始推行"创新制造"<br>◆就任专务董事，负责研究开发 |
| 2008 年 | ●雷曼危机爆发，福特汽车出售马自达股份仅保留 13% |
| 2011 年 | ●东日本大地震<br>◆就任董事长、副社长 |
| 2012 年 | ●马自达开始销售第六代车型 1 号车，即第一代 CX-5 |
| 2013 年 | ◆就任董事长、副会长 |
| 2014 年 | ●马自达第四代德米欧（Demio）获得日本年度车型奖<br>◆就任董事长、会长 |
| 2015 年 | ●福特汽车放弃了所持有的马自达全部股份<br>●马自达第四代 Roadster 获得日本年度车型奖 |
| 2017 年 | ●马自达与丰田汽车达成资本业务合作协议，10 月决定相互持有对方股份 |
| 2018 年 | ◆卸任会长，就任顾问 |
| 2019 年 | ●马自达开始销售第七代各车型 |

**车身**

车身是汽车的结构平台,这一平台上主要由三根支柱,即 A 柱(前车窗支架)、B 柱(车身中间支架)、C 柱(后车窗支架),发动机与车厢间的隔板,以及外板构成(图片中未显示),具体由"车辆开发本部车身开发部"负责开发。

**驱动传动系统**

驱动传动系统负责将汽车的动力传递至轮胎。驱动系统主要包括发动机(见左图)、变速器、差速器、后轮驱动及四轮驱动的传动轴。动力源一般分为内燃机(包括汽油发动机、柴油发动机)、混合动力汽车发动机+电机、电动汽车电机。具体由"动力总成开发本部"负责开发。

## 汽车的构造

汽车的结构可分为车身、底盘和驱动传动系统。"商品战略本部企划设计部"首先制定汽车企划方案,各零部件的负责部门在此基础上进行实际的研发工作。除了图示部分,内饰、空调等各领域的开发与生产都是必不可少的要素。

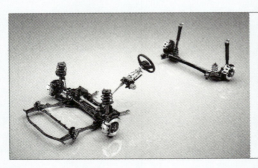

**底盘**

底盘包括悬架、转向装置、制动系统等,这些不仅起到连接轮胎与车身的作用,也是事关驾驶体验的重要结构。这部分结构由"车辆开发本部底盘开发部"负责开发。

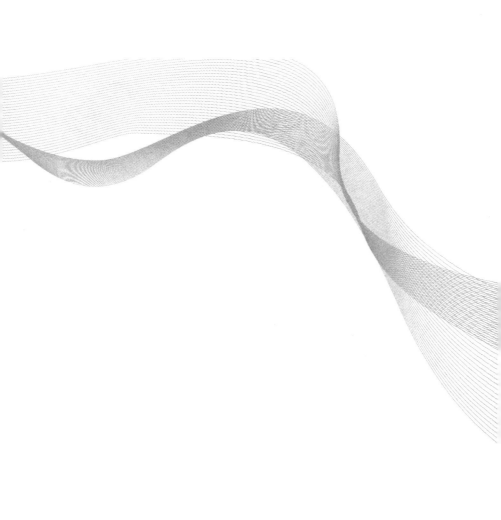

# 第一章

## 马自达汽车的外观为何如此相似

## 千篇一律的金太郎糖⊖？

下图显示的是马自达于 2012 年至 2017 年期间上市的 6 款汽车,包括敞篷跑车、传统轿车、掀背式轿车以及 SUV 车型。从外观来看,它们的设计大同小异,坊间关于这几款车外观雷同的声音也不绝于耳。笔者虽身为汽车发烧友,但却也时常把这几款车型搞混。马自达之后新发行的第二代 CX-5 和 CX-8 也是基于同一设计理念,外观非常相似。马自达将 2012 年以后上市的车型统称为"第六代",虽然这并不算正式名称,但本书也将沿用这一说法。第七代车则出现于 2019 年。

那么,马自达第六代车型的设计为何会如此雷同呢?以下就是我对金井先生的采访内容。

---

⊖ 金太郎糖是一种日本传统糖果,从各个面切开图案都相同。

第一章 马自达汽车的外观为何如此相似

马自达第六代各车型（2012—2017年间销售的车型）

**我**：从照片上来看，德米欧（Demio）、昂克塞拉（Axela）、CX-5、Roadster，以及阿特兹（Atenza）的外观是如此相似，有个什么词用来形容马自达汽车来着？

**金井**：您是说"金太郎糖"吧？

**我**：对，很多人都这么说。

**金井**：人们经常吐槽马自达的车型千篇一律。虽然知道同为马自达汽车，但是具体哪一款车、什么型号却叫不上名字来。因此，人们称马自达汽车为"金太郎糖"。其实这一称呼并无大碍，也正是我们想要的效果。

**我**：可是，"金太郎糖"这一称谓不就等于在说马自达汽车的设计毫无个性吗？

**金井**：我自1974年入职马自达以来，一直在不停地思考如何才能将我们的汽车设计成"金太郎糖"。我们为此努力了40多年才取得如今的成果。

**我**：您是说马自达汽车的设计不需要个性?

**金井**：当然不是。恰恰相反,"个性设计"从一开始就是马自达汽车的卖点。不知您是否对马自达"充满个性,品质卓越"的宣传语还有印象?

**我**：有印象。是您在刚入职马自达之时提出来的吧?

**金井**：是在 20 世纪 80 年代提出来的。我是 1974 年入职的,那时公司还叫东洋工业。

**我**：东洋工业?!自那时起就已经在生产汽车了吗?是什么样的呢?

**金井**：我刚入职不久时,公司的老员工把我们这些新入职员工带到了生产车间,说要让我们大开眼界。于是,我在那里看到了一辆红色的 Kosumo AP。

**我**：我看到您说的那款车时虽然还只是孩子,但仍然对其印象深刻。当时,我看到那款车的第一反应是"这种力量感十足的设计是我从未见过的"。我因此还买了一台那款车的模型。

红色款 Kosumo AP
(1975—1981 年) ⊖

---

⊖ 本文所指年份均为日本国内的销售期。

# 第一章 马自达汽车的外观为何如此相似

**金井**：我第一次看见那款车时也觉得它太帅了，内心非常激动。那款车于 1975 年 10 月上市，深受好评。

**我**：不过，昭和年代最具代表性的马自达汽车当属萨瓦纳 RX-7 吧。这款车是日本首款具有伸缩式前照灯的车型吧，这是那个年代非常流行的具有代表性的跑车款式。

**金井**：是的。萨瓦纳 RX-7 于 1978 年上市后，在日本流行了很长一段时间，颇受欢迎。之后，20 世纪 80 年代上市的红色 Familiar（第五代 Familiar）首次摘得日本年度车型金奖，其销量曾一度凌驾于丰田的卡罗拉之上。到了 1989 年，马自达第一代 Eunos Roadster 横空出世，在全世界掀起了一股敞篷车浪潮。

萨瓦纳 RX-7，第一代 RX-7
（1978—1985 年）

红色款第五代 Familiar
（1980—1985 年）

Eunos Roadster，马自达第一代
Roadster（1989—1997 年）

**我**：您这么一说一下子勾起了我的记忆。那时的马自达汽车公司虽然规模不大，但却生产出了许多经典车型。

**金井**：没错。不谦虚地说，我认为马自达创造了许多人们终生难忘的经典汽车，我深以为傲。不过，作为一名技术研发人员，我也在不断地思索如何把马自达汽车做得更好，而不是一味地追求个性创新。

**我**：不过，我认为能给人们留下深刻印象，恰恰说明马自达汽车拥有独特的个性，这一点很重要。对研发人员来说，经自己之手设计的独具个性的汽车能被人们记住难道不是一大幸事吗？

**金井**：我给您举个例子解释一下吧，这样可能更容易理解。比如光芒（Luce）这款车，最初是由意大利的博通设计公司所设计的，是一款典型的欧洲风格的车，很有气质、干练、帅气。

**我**：对，是有那么一款车，即使现在来看，那也是一款设计精品。

**金井**：然而，在那之后，第二代光芒却设计成了美国大兵一样的"肌肉男"。

**我**：是啊，我见到那款车时也颇感惊讶，甚至不敢相信那是光芒，一度误以为是大号的 Familiar 车。

**金井**：或许设计方也觉得那一设计有点离谱，于是到了第三代光芒时，便又回归了高车顶、注重乘坐舒适性的欧洲风格。然而，让人意想不到的是，第四代光芒的车顶设计又变低了，而最后一代光芒不再采用伸缩式前照灯设计，整体给人一种比较正统的感觉。

第一章　马自达汽车的外观为何如此相似

第一代光芒（Luce）（1966—1972 年）

第二代光芒（Luce）（1972—1978 年）

第三代光芒（Luce）（1977—1988 年）

第四代光芒（Luce）（1981—1986 年）

第五代光芒（Luce）（终款，1986—1991 年）

**我**：这设计可真是千差万别呀。

**金井**：是的。每个时代有每个时代的流行款式，所以汽车公司在同一系列的车型设计上或多或少也都存在着标新立异之处，这是可以理解的。但无论如何，马自达汽车在这方面确实过于极端了。

**我**：就是说虽然每款车都个性十足，但却缺乏整体的统一性。

**金井**：将某一理念付诸实践，并不断尝试自我突破是值得肯定的。然而，每次更新换代时，新出车型一味追求独特的个性却有全盘否定旧有车型设计之嫌。如此一来，根本无法让消费者准确理解光芒（Luce）到底是怎样一款汽车。即使有消费者对这款车心生爱意，然而一旦有新款推出，也很可能移情别恋了。

**我**：那为什么会不断重复这种极端的设计呢？

**金井**：就我个人的亲身经历来讲，当时的马自达，无论是在车型抑或内饰的设计上都不断地向员工强调个性的重要性。尤其是管理层也总是强调个性就是一切，没有个性是万万不行的。我所在的研发部门也总是激励我们要创新，要敢于在设计上走在日本乃至世界的前列。

## 虽说没有个性就没有生存的资格……

**金井**：公司内曾流行过这样一句话——没有利润就无法生存，而没有个性则连生存的资格都没有。

**我**：这句话应该是模仿小说《重播》（雷蒙德·钱德勒著）中的主人公菲利普·马洛的那句经典台词吧？

**金井**：甚至有位公司领导也曾沾沾自喜地这么说过。

**我**：难道这样一句话有什么不妥吗？这句话现在应该仍然适用吧？管理层重视设计，追求设计领域的世界首创不是一件很了不起的事情吗？

**金井**：当然，作为技术研发人员，没有谁会对公司提出的敢为人先、在设计上做出世界首创的要求感到厌烦。事实上，得益于这一要求，我们曾做过各种各样的尝试，进行了许多有益的探索。但另一方面，工程师之间也因此出现了不良竞争，例如有些零部件明明是可以通用的，却以车型不同而弃之不用。如此舍近求远的做法造成了人力、物力、财力的巨大浪费。

**我**：原来如此。

**金井**：让我感到沮丧的是，公司虽然总是强调个性，但个性的具体指向是什么并不十分明确。

**我**：个性也需要方向吗？

**金井**：公司重视个性是件好事。我作为公司的一员看到公司如此重视个性，内心也是很高兴的。然而，我对"只要是创新，360°哪个方向都可以"这一观点却不敢苟同。每当公司研究通过一个与此前方向大相径庭的、毫无章法可循的创新设计方案时，技术研发人员就不得不又从零开始，重新考虑如何将设计图纸变成一辆辆汽车。由于设计方案千差万别，研发人员之前积累的经验和技术变得毫无用武之地，一切都得从头开始摸索，每天都非常疲惫。

被各种新方案牵着鼻子走,汽车一经生产便立刻上市,丝毫不考虑技术的积累和完善。如此一来,生产出来的汽车很快就要面临被后续设计取代的命运。这种情况可谓屡见不鲜。这样,不但造成了大量资金的浪费,更是白白浪费了宝贵的时间。

**我:** 请问,一款汽车的个性是怎样形成的?除了外观不同,具体都由哪些方面决定呢?

## 盲目追求个性带来重复性工作的增加

**金井:** 汽车的个性源于构成汽车的各个要素之间的平衡,这样说应该容易理解吧?这里所说的要素主要包括发动机性能、底盘性能、驾驶室内空间、外观、设计等。当然,与提高驾驶舒适性的装备也有一定关系。另外,一款车的研发预算和时间是有限制的。在与别的品牌进行竞争时,我们的制胜法宝有哪些呢?事实上有很多。例如,可以考虑在汽车底盘上多花些预算,但底盘是汽车各部位中花钱最少的;又如可以考虑把预算花在研发新款发动机上;再如还可以考虑只把汽车内饰做得美观。也就是说,预算和时间投入到哪里,哪里就是汽车的个性所在。

**我:** 原来如此。其实这个道理也同样适用于汽车以外的其他商品。每款商品的研发预算和时间是固定的,因此,如何使用预算和时间便决定了商品的个性如何。

**金井:** 有人认为只要内饰美观即可,甚至还有人在产品策划中提出哪怕驾驶体验没那么好，驱动力没那么足，只要行李舱够大，就可以成为一个好的卖点。每当这类不靠谱的策划提出后，负责具体设计工作的部门就不得不按照要求进行相应的设计。

**我：**您所在的部门主要负责汽车底盘设计研发工作，应该是感同身受吧。像之前的光芒车型，明明上一代车还在力求良好的驾驶体验，但下一代车却转而重视起乘坐的舒适性，于是便不得不把之前的技术推翻重新进行各种研发。如果从一开始便缺乏明确方针的话，后期就会因推倒重来而增加很多工作量。不管是哪个行业，这种工作量的增加对技术人员的精神和体力来说都是莫大的消耗。

**金井：**虽然每个汽车公司或多或少都存在着类似的问题，但马自达太执着于追求"个性"和"世界首创"了。这就导致每研发一款新车就会增加许多重复性的工作量。当然这样做也有一定的好处，比如可促进公司积极地从事新技术研发，生产出更多让人印象深刻的经典车型。

**我：**经您这么一说，我想起了一款内饰做得非常考究的车，名字叫 Persona。这款车是为了与丰田的热销车 Carina ED 相抗衡而研发的，是一款车身比较低的四门轿车。内饰是当时这款车的宣传重点，在某种意义上也是给人留下了深刻的印象。

**金井：**对，马自达当时希望以 Persona 这款车独树一帜的内饰设计打败竞争对手，其座椅的设计形状呈现弧形，给乘客一种被环抱其中的感觉。

Persona(1988—1992年)

**我**:事实上,我曾前往自家附近的一家马自达汽车租赁公司租过这款车呢。

**金井**:是吗?感觉如何?

**我**:恕我直言,这款车内饰设计虽好,但驾驶体验很差。我从来没开过这么难开的车。也不知道它后来卖得怎么样。

**金井**:哦,这样啊。说句实话,自从我进入管理层后才渐渐理解了当时的领导层为什么如此执着于追求"个性"了。以我入职第8年也就是1981年的数据为例,当时日本的汽车行业中,规模最大的是丰田汽车公司,排名第二的是日产汽车公司,马自达虽然排名第三,但和排名第二的日产相差甚远。

**我**:我在翻阅马自达公司的历史沿革时,对其中一点感到非常惊讶。1960—1962年这三年间,马自达汽车的年产量曾一度赶超丰田,跃居日本第一。尽管那时占据日本市场主体的是三轮货车,且马自达整体营业额和丰田比仍然相差悬殊,但却在数量上拔得了头筹。

马自达于 1981 年超越三菱汽车跃升为日本国内第三大汽车生产商

1981 年日本国内新车销售量（不含微型车）

| 排名 | 品牌 | 销量 / 辆 |
|---|---|---|
| 第 1 名 | 丰田 | 1492699 |
| 第 2 名 | 日产 | 1134347 |
| 第 3 名 | 马自达 | 334276 |
| 第 4 名 | 三菱 | 327545 |
| 第 5 名 | 本田 | 192646 |
| 第 6 名 | 五菱 | 189475 |
| 第 7 名 | 大发工业 | 71546 |
| 第 8 名 | 富士重工（现在的斯巴鲁） | 56555 |

**金井**：也许是深受这一战绩的影响，位居第三的马自达虽然知道自己和第二名还有很大差距，但却并不服输，一直想方设法跻身前二。那么，追求个性虽然对于排名前二的大型汽车公司来说并非易事，但却可能成为马自达的有力武器。要想凸显个性，就必须不断地研发出世界首创的新技术及新设计。

**我**：明白了，因此才有了您刚才提到的"没有个性就没有生存的资格"那句话。

## 马自达一度想成为汽车界的索尼

**金井**：说到这里，我记起当时的公司管理层曾憧憬过要将马自达打造成汽车界的索尼。

**我**：原来如此。这个类比真是让人耳目一新。如果把丰田

比作松下、日产比作日立的话，那么，马自达就应当比作索尼。因为马自达像索尼一样拥有别具一格的设计、独特的性能及与业界龙头老大截然不同的"个性"。

**金井**：也就是说，马自达不再执着于扩大公司规模，而是将目标调整为生产外观及内饰都独具一格、能够引起消费者兴趣的车型。

**我**：这对于员工来说应该是一个非常有吸引力的目标吧。

**金井**：是啊。我们这些技术人员也感受到了"生产让消费者感兴趣的汽车"这一目标的魅力。事实上，这也是我们一直以来的愿望。不过，大家同时也感受到了创新带来的巨大压力。当然，即便没有制定有关创新的统一大方向，马自达打造的独特的个性化车型也曾在刚上市时便惊艳四座。像我们之前提到的红色 Kosumo、RX-7、红色 Familiar、Eunos Roadster 等车型都卖得特别火爆。打个比方来说，这就像研发人员很侥幸地挥舞球棒，却未料到一击中的并实现了本垒打。

**我**：因此成就了许多款"人们记忆深刻的独具个性的车型"。

**金井**：是的。不过，冷静回想一下就会发现，那样的好景并不长，只是昙花一现而已。由于整个公司在创新方面没有制定一个统一的大方向，所以尽管有时会侥幸设计出艳压群芳的个性车型，但并不是每次运气都那么好。

**我**：方向的变化导致设计及研发难以保持持续性。

**金井**：话虽如此，但以个性博得成功的模式却深深地烙印在了马自达人的脑海里。公司内至今仍有人认为，既然一直以来我们的制胜法宝是个性创新，那现在何不再通过生产个性化车型来碰碰运气呢？实际上，马自达之所以在当时实力并非那么雄厚的情况下能坚持那样做，是有着特定历史背景的。日本的汽车市场在泡沫经济之前，一直处于扩张状态，市场需求不断增加。即使一次扑空了，也能立刻投入新的研发。另一方面，当时的马自达虽然在规模上位居丰田、日产之后，排名第三，但与日产之间还有很大差距。马自达的经营管理层希望通过不断地增加汽车产量、扩大规模，稳固三足鼎立之势。因此，为了实现这一目标，马自达必须全面扩大生产线，才能像丰田、日产那样生产从小型车到大型车的各种车型。而且，他们还想同时实现个性创新与产量提升。于是，公司一边强调"没有个性就没有生存的资格"，一边又全面扩大生产线以提高产量。

## 虽资源不足，但仍发起挑战

**我**：马自达是想利用个性车型与丰田、日产进行全面竞争啊！

**金井**：然而，我认为这个战略并不成立。之所以这么说是因为，马自达与丰田、日产的实力相差悬殊。这些差距既体现在可投入的资金总额上，也体现在员工数量上。尽管相差悬殊，但马自达依然坚持全面扩大生产线以生产所有车型。而且，由于丰田和日产并不生产微型车，所以如果算上原有生产线的话，马自达全面扩大生产线后规模有可能超过丰田。

**我**：那马自达可不可以关掉微型车生产线？

**金井**：原本我们公司的四轮汽车就是在微型车基础上发展起来的，因此不能关掉。马自达在生产微型车的同时又想与丰田一争高下，想要生产出可以与皇冠（Crown）、世纪（Century）相抗衡的大型车。可是，就连我们公司最好的车型光芒与皇冠相比也要小很多。有人提议干脆放弃光芒，重新研发新的大型车。然而，这一提议是不可行的，因为光芒是马自达的招牌车，绝不能放弃。于是，公司便开始着手研发更大的车型 Roadpacer 了。

**我**：Roadpacer？说来有点遗憾，我这个曾经的超级汽车迷好像也没见过这款车，完全想不起来它是什么样子。

**金井**：我面对当时的状况，深深感到这样下去是不行的。马自达必须做出改变，这一想法对我后来的观念也产生了非常大的影响。

作为企业，重视个性创新是再自然不过的。同样，扩大生产、提高产量也是企业的正常诉求。然而，企业个性创新的最终目的是什么呢？是质量还是数量？如果是质量的话，那么具体是哪一部分的质量？如果公司不能就此提出一个明确的方向，整个策划、研发、市场和销售便无法正常发挥出应有的水平。

**我**：但我觉得，一个不提出明确的方向，放手让各部门天马行空、自由发挥的公司，对员工来说不也是一个很好的公司吗？

**金井**：能自由发挥虽好，但首先应该制订一个可行的整体方针，并以此为前提去自由发挥。

**我**：对，所谓预则立，不预则废。

## 要投出高速近身球

**金井**：马自达于 2000 年举办了品牌形象代表词征集活动，"Zoom-Zoom"从中脱颖而出。我作为汽车研发人员，看到这个词时，内心异常兴奋。公司将这一词确立为马自达汽车制造的指导方针，这与我个人的想法不谋而合。如果当初没有这个词的出现，后来也不会有从 2006 年延续至今的"创新制造"了，因此，我要感谢"Zoom-Zoom"，是这个词拯救了我。

**我**："Zoom-Zoom"好像是儿童在玩玩具汽车时所发出的拟声词。我想这个词之所以脱颖而出，大概是由于其恰如其分地表达出了人们在驾驶汽车时的兴奋与心动的感觉吧。您说这个词为马自达汽车的个性创新指明了大方向，那么，具体到汽车上又是如何体现出来的呢？

**金井**：我于 2005 年担任常务执行董事并负责汽车研发期间曾提出一个口号："马自达生产的汽车要像棒球投手投出的近身好球一样"，目的在于给马自达汽车确立一个个性创新的大方向。

**我**："近身好球"，这个说法给人一种棒球击中击球者胸膛的震撼感。

**金井**：打个比方说，丰田把球投到了球区的正中位置，那马自达便不能再投到同一个位置，拉开点距离吧。那要投到哪里才好呢？我觉得不管是离击球者近的一侧还是远的一侧，只要和正中间拉开距离即可。这就是我们的个性。

**我**：那岂不是把球投到哪里都可以……

**金井**：是的，马自达以前一直是这么做的。咱们再把话题从投球拉回汽车上来。这样做虽然有个性，但却不稳定，因此，无法实现技术的积累，也无法树立品牌形象。我一直坚持马自达的所有汽车设计应该实现统一，且应集中马自达有限的力量来做好这件事情。因此，"Zoom-Zoom"的定位就好比棒球比赛中投手向击球手正面发起挑战所投出的"近身球"。力求投出世界第一的快速球，也就是说，以符合全球标准的高质量问世，这才是马自达汽车。当然，不能投坏球（笑）。

马自达从 2012 年开始推出的第六代车型就是在这个方针指导下研发出来的。我曾听到人们如此评论第六代车："虽然知道是马自达汽车，但却说不上来具体型号。"其实，这一评价恰恰是我要追求的效果，因此我很满意。

## 仅停留于外观设计上的改进毫无意义

**我**：调整后的马自达汽车在外观和设计风格上变得比较统一，这使得马自达汽车极具辨识度。

**金井**：是的。不过您只说对了一半。

**我**：只说对了一半？

**金井**：统一的不仅仅是外观设计。马自达汽车现在的内部设计思路也是统一的。外观固然很重要，但若仅外观变得统一，而内部设计停留在新瓶装旧酒的状况的话，很快就会露出马脚，购买了马自达汽车的消费者最终也会对我们的车感到失望。如此一来，在外观设计上投入的精力也将变得毫无意义。

**我**：原来如此。看来马自达在汽车内部设计上也有着统一的理念。那可不可以理解为现在的马自达汽车不仅外观统一，内部设计以及零部件也是通用的？

**金井**：不是的。经常有人这么误解。我所说的统一并不是指全部使用相同的设计和零部件，我们通过"创新制造"完成的是理念的统一。外观的趋同化一方面是出于统一设计风格的考量，另一方面也考虑到了内部设计理念的统一。

**我**：您刚刚讲到的有关汽车内部的统一理念与之前提到的"高速近身球"这一理念是一码事吗？

**金井**：虽然有相通之处，但不是一回事。我们在公司内将汽车形象定位为"高速近身球"。这一定位固然很重要，但设计理念的汇总与统一则是更具体的、与汽车设计密切相关的工作。

**我**：您刚才提到了"昙花一现"这一现象，回顾马自达第六代车系，自 2012 年推出 CX-5 开始，历经阿特兹（Atenza）、昂克塞拉（Axela）、CX-3、德米欧（Demio）以及 Roadster，其中的每一款车都受到了市场的追捧。马自达连续推出的这一系列热卖车型与您所说的个性汽车的"昙花一现"不是很矛盾吗？请问，这是由于有了"统一设计理念"的指导才使得马自达汽车得以不断地占领市场吗？

## 时刻提防失败的本能

**金井**：是的。马自达汽车在市场上捷报频传，以至于公司内部有人提出"捷报频传反而令人不安"。

**我**：哈哈哈哈……

**金井**：这并非得了便宜还卖乖的自负之词,也不是什么玩笑。鉴于此前马自达一直极为重视的"昙花一现"式的个性车型很难"持续性占领市场",这才迫使员工们有了上述想法。说句刺耳的话,一次成功并不能确保每次成功,这种"时刻提防失败的本能"已经深深地烙印在了马自达人的心中。

**我**：具有"时刻提防失败的本能"的公司连续推出热门车型并持续占领市场,同时其品牌形象也得到了极大的提升,这一变化应缘于"创新制造"下统一设计理念的实现。那么,具体是怎么做到的呢?

**金井**：改变工作方式,这是一切变化的开端。

第二章

"全新扩张"的陷阱:
马自达陷入沼泽

逆转经营：
马自达的自救突围之路

## "竭尽全力生产滞销的汽车是毫无意义的"

马自达与丰田、日产等大型汽车公司相比，企业实力的悬殊是一目了然的。既然如此，马自达就必须集中有限的资源以谋求生存。在这一背景下，马自达将战略核心调整为"创新制造"，由此产生了马自达第六代车系。第六代车系无疑取得了巨大的成功，一举刷新了马自达的业绩，极大地提升了其品牌形象。这一变化如果仅仅依靠"单枪匹马的某一款车型"是不可能实现的。马自达改变工作方式，连续推出系列车型，持续抢占市场，从整体上改变了公司的经营状况。那么，马自达具体是怎么做的呢？

我想与其直接介绍"创新制造"战略的现状，不如追溯一下其形成的历史背景，或许这样更容易让人理解。接下来，让我们把时针拨回到 30 多年前。

**我**：我听闻在30多年前，也就是1988年，您曾有过"马自达难道再没有更好的汽车研发了吗？"这样的感慨。马自达在泡沫经济背景下，曾意图实现日本国内市场占有率的成倍增长，并为此制订了"B-10 计划"。

**金井**：当时，曾有人主张"现在是扩大国内市场占有率最后的机会了！"因而要扩充现有的三大销售渠道，像丰田一样拥有五大销售渠道体制。由于每个渠道都需要产品，因此马自达不得不扩大规模，增加车辆类别。

**我**：那么，金井先生您当时主要负责什么工作呢？

**金井**：我当时在制订汽车研发计划的先期产品策划部门工作，负责协助即将推出的汽车底盘的设计工作。具体是1987年的事了。为了短期内大规模增加车辆种类，公司持续不断地研发了 Eunos cosmo、Sentia、Cronos、Eunos 800 等系列车型。

**我**：那也是我对汽车兴趣最浓厚的一段时间。这些车型的名字我全部都记得。五大销售渠道具体是指 Mazda、Enfini、Eunos、Autozam、Autorama。五大销售渠道对应的五大车型分别为 Cronos、Enfini MS-8、Eunos 500、Autozam clef、Ford Telstar。其中，Cronos 为主力车型。这几款车虽然名字不同，但其内部设计构造是一样的吗？即所谓的"车标工程"（只有车标不同，汽车内部设计构造基本相同）。

**金井**：不是的，这些车型每款差别还是很大的。马自达在如何让每一款车都拥有与众不同的个性上是下了功夫的。举例而言，发动机舱盖高度的改变、车身宽度的改变、轮胎的细微改变，以及前后车轮车轴间距的加大或缩短（间距变大，则汽

逆转经营：
马自达的自救突围之路

车稳定性提高；间距变小，则汽车灵敏性提高）等都是马自达做出的努力。

**我**：您对 Kronos 这款汽车评价怎么样？

**金井**：Cronos 及其系列车型与之前的 Capella 相比，虽然车身变大、车型号也变成了三位数字，但在技术上却没什么进步。不过，MS-6、Eunos 500 等车型的设计还是相当独特的。

**我**：Eunos 500 就算放在今天应该也会拥有很多粉丝吧。当时马自达是用研发一款车的时间研发了 Cronos 及其系列车型吗？

**金井**：怎么说呢，作为一名技术人员，我认为这是一项附加价值比较低的工作。在制造第一款车型的时候还是不错的，但由于之后只需要沿用先前的思路，而不需要再多动一丝脑筋，因此这样的工作让我觉得做起来很痛苦。

**我**：是由于固定的工作内容及方式导致无法创新吗？

Cronos（1991—1995 年）

Eunos 500（1992—1996 年）

## 想法全部如愿以偿，却并未感受到幸福

**金井**：不是，恰恰相反，如果我告诉当时公司的策划部门需要重新制作悬架装置的话，那么一般都是会被采纳的。甚至当我突然想到某一新颖的设计方案因日程紧张而无法执行时，公司的技术研发负责人及我的顶头上司一般都会在日程上为我开绿灯（笑）。

**我**：这是不是与当时马自达公司上下对争创日本乃至世界第一新技术格外重视有关呢？

**金井**：是的。一般而言，只要是关于新技术的研发计划，基本上都会通得过，马自达是不计成本的。但是，我觉得这样做并不可取。

**我**：不可取吗？我认为即使由于公司未制订统一的方针而导致研发方案五花八门，但终究方案是得到采纳了的，这对工程师个人而言也不是一件坏事吧？就好比一家杂志社，提交上来的稿子不断得到录用，岂不是主编梦寐以求的状况吗？

**金井**：是的，就像您说的那样，梦寐以求。我作为一名技术研发人员当时也是比较享受这个过程的。而且，这种现状给我造成了一种意识，即无论设计及研发多么新奇，也不用多加思考，只要照搬照抄，生产出来的汽车就不会落伍。总而言之，当时的马自达异常执迷于创新，不惜推翻之前的所有设计方案，全部从头再来，追求所谓的"All New"。

**我**：从头再来，"All New"，这听起来好像确实很酷。为什么会变成这样呢？

**金井**：那时的模拟试验技术还不发达，甚至在设计研发阶段连一些基本的技术假设都无法得到解答。因此，只有实际生产出来才能发现问题所在，进而再改进问题并再次生产，而后再发现新问题，如此不断循环、不断调整。通常来讲，样车生产出来以后，在测试过程中如发现问题，则再调整或打磨有问题之处即可。然而棘手的是，样车生产出来以后经常会有人提出汽车本身存在的一些根本性错误，并指出一开始就应该如何如何。

**我**：专业的技术人员也会这样吗？

**金井**：会啊，这在当时是常有的事。

**我**：那遇到这种情况该怎么做呢？

## "已经来不及了，下次再从零开始吧"

**金井**：从根本上更改肯定是来不及了（笑）。我设计研发的几款车也曾受到过批评，甚至有人说我的设计从根本上就是错误的，这些给我带来了很大的心理阴影。当时是这样的，公司一旦决定了研发某一款车就会一条道走下去。因此，一旦研发项目启动，便无法再走回头路。那么，中途一旦出现问题，便只能到后期再弥补。但因为从根本上就是错的，所以即便后期弥补也不尽如人意。而如果从根本上进行更改的话，花费的时间就太长了。如果因此导致新车上市延迟，便会影响原本的经营计划。因此，只要不是有可能造成交通事故的问题，即经过修改便不影响汽车正常行驶的问题，那么就……

**我**：就不再做过多纠缠。这很令人无奈。

**金井**：从那时起我就认为这是一个亟待解决的大问题。如果不制订一个可以及时发现问题解决问题的研发章程，那么大家的付出就将变成无用功。

**我**：那么，有解决的办法吗？

**金井**：一开始我就讲过，最重要的是要深思熟虑后再行动。然而，没想好就行动，走一步看一步，侥幸认为后面总会有办法的工作方式在当时是常态。

**我**：呃（出了一身冷汗）。

**金井**：在一个庞大的组织中，一项涉及人数众多的工作一旦途中需要重新修改，将是一件非常麻烦的事情，那将花费大量的时间和成本。汽车研发过程中一旦出现根本性的错误，大家往往会说这次已经来不及了，下次产品升级时再从头开始吧。这也就是所谓的"全新"。但是，由于从一开始便没有考虑周全，因此下次也将重蹈覆辙。

**我**：听起来真是让人心痛。从某种意义上来说，"全新"也是泡沫经济时期日本企业身上的一个坏毛病吧——与其慢慢想，不如先着手做。这种想法使得具体执行者自项目起步便抱着侥幸心理，只是一味地努力工作，并不考虑可能发生的问题，认为即使出了问题到时候也能解决。

**金井**：这让我想起了我自1989年开始担任Eunos 800车辆设计指导人（作为副手对汽车设计领域的研发总负责人做出辅助性工作）的经历。

**我**：Eunos 800那款车也非常漂亮，它的发动机好像有点特别。

## 因变更发动机导致多出的 30 毫米

**金井:** 没错。Eunos 800 的发动机真是大费周章。这款车的基本设计完成之后,负责发动机研发的动力系统部门研发出了高性能的米勒循环发动机。于是,在 Eunos 800 研发总负责人的决定下,那款车也采用了米勒循环发动机。然而,米勒循环发动机尺寸比较大,无法装进已经设计好的发动机舱内。原设计方案中的发动机舱空间尺寸不够,高度差 20 毫米,宽度差 30 毫米。经过设计方案调整,高度不足的问题虽然得到了解决,但宽度不足的问题仍然未能解决。

**我:** 将车身加宽是一件非常困难的事情吗?

Eunos 800 在 1997 年后因 Eunos 店关闭,车名改为 Millenia(1993—2003 年)

**金井:** Eunos 800 本身已经是一款大型车,其大小在当时来讲已经是破例了,再增大尺寸已不可能。而且,发动机舱两侧的框架相当于汽车的骨架,是承受汽车在撞击时产生的冲击力的重要部分,不能轻易改变。那怎么办呢?只能减小发动机舱内其他零部件的尺寸。

**我:** 可是,不是只有30毫米吗?也就是3厘米而已。

**金井:** 将发动机舱内某个零部件宽度削减30毫米是很困难的一件事。因为,每个零部件在最初设计的时候都会尽最大可能达到成本与性能的平衡,几乎没有什么更改的余地。

但削减3毫米的话还是能做到的。一个人将其负责的零部件削减3毫米,那么10个人将能削减30毫米。合10人微薄之力便可顺利将发动机装入机舱。

**我:** 原来是这么考虑的啊。

## 相关人员,全体集合!

**金井:** 其实我是很擅长任务切割分配的(笑)。

**我:** 通过大家的合作把看起来不可能的事情变成可能,我很想了解其中的诀窍。Eunos 800发动机舱尺寸问题具体是怎么解决的呢?不足的那30毫米是怎么产生的呢?是金井先生您一个人做出的分配吗?

**金井:** 一个人是绝对不可以的。不能由某一个人做出决定并强加于人。

**我:** 那么,首先应该做什么呢?

**金井:** 举例而言,要想在某个空间内争取30毫米,那么首先要把涉及的所有工作人员,包括发动机领域以外的工作人员都召集起来，并列出与这30毫米的宽度密切相关的各项要素。

**我**：原来不仅仅是发动机的相关人员啊。

**金井**：发动机舱涉及的部门有很多。发动机内有许多用于输送燃料、冷却液、进排气和电路的管道和线路。而且，在保证收纳数量众多的管线的同时，还要为工人的安装作业预留一点空间。

**我**：原来如此。

**金井**：是的，检查和维修也需要一定的操作和观察空间。

**我**：把大家召集起来容易，但让每个人去削减零部件的尺寸就很难了吧？这听起来好棘手啊。

**金井**：确实如此。我都不记得为此争执了多少次了（笑）。但正因如此，才更应该把涉及的所有要素全部摆到桌面上，向所有人明示有哪些零部件尚存削减空间，尽可能找到10个乃至更多个可削减尺寸的零部件。如此明示之后，再进行单独讨论。以进气道所占空间为例，将圆形管道改成椭圆形管道是否可行？如果可行，便能腾出一点空间。诸如此类的讨论一般是在每天上午11点开始的，因此大家称之为"11点会议"。

**我**：您讲的这些要写进公司经营计划书里吗？

**金井**：不是的。这原本也不是多么了不起的事情。我只是觉得如果不明确目标，不和所有相关人员共同面对这一难题，就无法碰撞出思想的火花。

**我**：但另一方面，涉及的人员越多不是反而越容易产生相互依赖的心理吗？这难道不会对达成共识产生阻碍吗？

## 只削减我这部分,那我岂不是吃亏了?

**金井**:多半是这样的吧。总有人会侥幸地认为别人能把那30毫米的问题解决掉。

**我**:原来如此。那为什么有人会这么想呢?

**金井**:如果不在大家面前列出具体问题,那么大家也就不了解究竟该付出多大的努力,每个人也不清楚各自能够做出多大的贡献。大家一听目标是削减30毫米,有人会想自己负责的部分也许能削减3毫米,但是不能只削减自己这儿啊,先看看别人是怎么想的吧。也就是说,他们希望在自己提出可以削减3毫米之前,有人能一下子削减30毫米,这样问题就解决了。

**我**:我特别能理解。既然有人能全部做到,那么也就不需要自己多此一举了。

**金井**:如果没有人带头提出自己可以削减5毫米,那么也就很难有其他人再继续跟进3毫米。再者,大家还担心另外一个问题,即如果最后以另外一种途径解决了问题,那么先前付出的努力岂不是白费了?

**我**:这怎么说呢,大家看待这项工作的重点已经不在"汽车能不能造出来"了。可能他们认为,明明自己兢兢业业地研发了各项零部件,为何还要做这些本来没必要做的工作呢?我感觉大家在工作中思考局部多、照顾全局少。

**金井**:现代企业的基本工作方式就是分工啊。部门的使命就是只做自己负责的那部分,遇到公司额外增派工作时的第一

反应便是拒绝。因此,公司便需要专职人员负责从中协调。在 Eunos 800 研发之前我曾经在先期产品策划部门负责过汽车基本框架的设计研发工作。我在工作中经常需要在不同部门之间展开协调。因此,在一定程度上来说,我已经习惯了各种矛盾和争执。但由于发动机舱所涉及的部门真的是太多了,因此非常不好协调。

## 区区 30 毫米,用时长达两个月

**我**:您刚刚讲过每天都要开协调会议,那是不是意味着每天都有新的问题出现?这个问题说起来不就是从发动机舱的零部件中节约出 30 毫米的空间吗?

**金井**:不是的。我们每天所做的工作最终都是为了那 30 毫米。

**我**:区区 30 毫米需要每天都开会吗?工作分配下去后执行不就可以了吗?

**金井**:就像我前面说的,这个工作首先需要明确哪些零部件尚有可削减的余地,这是第一天开会讨论的内容。而第二天的会议内容则仅限于让大家各自提交可行的方案,而后便散会了。会上提出的一些问题可能需要做各种调查,有的还需要进行测试。对于这样的问题,一般会让大家三天后给出答复。也就是说,我们每天开会都会就大家提交的结果展开研讨,并判断当日的工作进度。

**我**:那一共持续了几周呢?

**金井：**两个月左右吧。

**我：**花了那么久吗？公司有没有因为进展缓慢而怪罪您啊？

**金井：**没有。恰恰相反，我还受到了公司的表扬。虽然这项工作算不上快，但也绝对不算慢。要知道汽车的初始框架都花了四五个月的时间。而我们的工作是对已经完成的框架进行改变，其难度之大可想而知。对设计师来说，一旦零部件设计完成，再去削减哪怕1毫米也是相当困难的。一般而言，设计师不会轻易答应减小零部件尺寸这样的要求，因为一旦答应了便很可能在本部门得不到支持。由于其中涉及性能、强度等多个问题，因此哪怕是0.5毫米的空间也很难做出妥协。

**我：**那岂不是即使每天开会也很难取得进展吗？

**金井：**所以才需要智慧。即使大家对现状非常了解，但有时想取得一些进展还是不容易的。以汽车框架为例，可能有人会说"车身框架事关汽车强度，其大小很难做出改变"，那么其他人就可能提出"虽然大小不能改变，但车身框架突出的一角是否可以去掉？这样的话或许可以节约出1毫米"，还有人会想到"靠近轮胎的车身部分是否可以节约出1毫米？如何可以的话，两侧加起来就能节约出2毫米"。我们的讨论大概就是这样的。

**我：**明白了。所有人一起面对困难，共同凝聚智慧，最终节约出30毫米的空间。

**金井：**我在会上直接摊派任务，也就是不会要求某某人要削减多少毫米，而是希望他们回去多思考，并在明天的讨论中提出各自的见解。

## 努力营造人们心甘情愿挥洒汗水的氛围

**我**：是吗？

**金井**：就算在会上定好了，大家回到各自部门进行探讨时也有可能无法获得通过。第二天11点大家聚在一起开会再讨论时，之前定好的3毫米可能又变成了2毫米。在这种情况下，我会再次切割分配任务。比如，我会询问大家有没有人愿意再削减0.5毫米，如果有两位自告奋勇者，那么问题就得到了解决。如此一来，大家开始变得积极起来，愿意踊跃举手，互相帮助。

**我**：原来如此啊。通过每天的引导让大家感受到您并未强迫他们，并且愿意倾听他们的困难，于是相互之间产生了信赖，最终大家愿意积极地去完成这项工作。

**金井**：说实话，没想那么多（笑）。见贤思齐，榜样的力量是巨大的。既然大家都在努力做出调整，那我也应该做点什么吧。如此一点一滴的改善逐渐让大家觉得削减30毫米这件事并非高不可攀。于是，每个人也都变得积极起来，并且愿意相互配合。就这样，大约过了两个月的时间，削减30毫米这件事总算是得到了圆满解决。

我通过这件事意识到在工作中遇到大的困难，可以先将其分解为一个一个的小问题，然后再想办法各个突破。相关部门齐心合力、共同面对的同时，要和所有相关人员实时共享在解决问题过程中遇到的难点和进展情况。

说句题外话，我认为小到削减发动机舱尺寸这件事，大到技术创新改革，都可以通过每一次小小的改善而集腋成裘最终得到实现。就像青虫一样，一步一步蠕动，最终到达终点。我称之为"青虫改革"（笑）。

**我**："青虫们"之所以不停下前进的脚步，是因为他们共享信息且坚定目标、相互信赖的缘故啊。说来这真是个美谈呢！

**金井**：但实际上，问题的重点并不是如何削减这30毫米，而是如果在设计确定后没有变更发动机这回事的话，那么削减30毫米这项工作本来是完全可以避免的。

**我**：确实如此。不过，当时的项目主管应该也认为更换发动机可以提高Eunos 800的产品竞争力，而且经营管理层也是同意的吧？

**金井**：当然。但正常来讲，他们双方应该派人随时关注发动机的研发进度和策划部门制订的基本设计情况。

一方面公司重视新技术研发的方针令大家跃跃欲试；另一方面也因此产生了各自为战、互不兼容的问题，进而到组装时便不得不返工。

**我**：尽管如此，如果新技术使产品竞争力得到了大幅提升的话，那么重新做出变更也并非全无意义吧？

**金井**：嗯。不过，除了新发动机以外，后来还有其他新技术加入到了Eunos 800中。如此一来，便导致研发进程大大推迟。在花费了长达4年时间后，Eunos 800终于在1993年10月上市了。而那时正值泡沫经济破灭，所有人都意识到马自达的盲目扩张政策是失败的。虽然Eunos 800作为汽车个体的确获得了不少好评,但从经营层面而言,可以说是非常失败的。

**我**:大家无法仅仅因一款车的成功而心安理得吧。

**金井**:不断挑战新技术是技术研发人员的本来愿望。但是,由于大家一味追求新技术,因此耗费了大量时间,并错失了上市良机。最终,Eunos 800 销量惨淡,所有人的努力都白费了。当然,也不是说销量不好就毫无意义,只是我从那时起开始感觉到,拼命地生产卖不出去的汽车是多么徒劳的一件事情。

## 我们的工作绝不应该是"灭火"

**金井**:恕我直言,在工作中因事先考虑不周而导致问题发生的现象是屡见不鲜的。问题发生后,又不得不尽力弥补。至少马自达在过去一段时间里是这样的。

**我**:确实如您所言,这种事情太多了。就像我们写稿子,常常发生在稿子已经近乎完工了的时候却被告知基本事实出现了偏差。不过话说回来,在工作中这样的返工是常有的事吧。

**金井**:是吗?我想您一定听说过"PDCA 循环"吧。

**我**:是指 Plan(计划)、Do(执行)、Check(检查)和 Action(对策)吧?

**金井**:是的。不过"PDCA 循环"的 Plan(计划)环节一旦敷衍了事的话,那么 Do(执行)阶段就会接连出错。于是,管理人员便不得不前往现场 Check(检查),以便发现问题点,再通过 Action(对策)修正错误。

**我**：确实如此。以我们的工作而言，主编直到截稿时间才发现记者写的稿子有问题，于是便手忙脚乱地改稿子。

**金井**：这就像发生了一场本不该发生的火灾，事后灭火者却以灭火为傲一样。我所说的公司管理者就像灭火者，他们在一片慌乱中解决掉问题后，不仅不以工作的无序而自责，反而认为自己做了一件很了不起的事情。

**我**：就像我们的主编会觉得"果然这个杂志没我不行啊"。

**金井**：一开始的Plan（计划）环节一旦出现问题，后续的工作中必然问题不断。不知不觉中，"灭火即工作"反倒成了一种企业文化。我将这称为"CA管理法"（将重点放在Check和Action上的管理模式）。也就是说，在这种管理方法下，直到工作的最后阶段才发现问题，而后被迫手忙脚乱地去补补丁。

**我**："灭火即工作"，这让我想到在截稿之前连续通宵改稿确实是一些杂志社编辑部的工作常态。我以前曾在这样的编辑部工作过，因此感同身受。

**金井**：如果销量好的话，大家也许会有所回报。但是，如果达不到预期效果，却白白付出那么多精力，大家的情绪会因此很低落。其实，不管是哪一种结果，辛辛苦苦完成的工作却不得不再次费时费力予以变更，这不是在浪费人生又是什么呢？

**我**：确实是在浪费人生……

**金井**：正式启动前不认真考虑好，正式启动后也不跟进确认。这种工作态度和方式于己于人无一不是在浪费人生。

**我**：……

**金井**：那么，如何才能从一开始就避免做无用功呢？我认为，首先应该将重点放在 P（计划）上。在起步阶段就计划好，之后按部就班地执行并取得预期效果，这才是理想的模式。将重点放在启动之前，我将这称为"PD 管理法"（将重点放在 Plan 和 Do 上的管理模式）。

将重点放在 P（计划）上，意味着需要从一开始就要针对长期目标展开充分的、事无巨细的公开讨论。举例而言，如果我们的目标是"制造理想中的世界最好的汽车"，那么就必须从驾驶人的驾驶坐姿开始考虑。理想的驾驶姿势是方向盘的中心轴与身体的中心相吻合，脚向左向右移动相同的距离就可以踩到制动和加速踏板。如此一来，必须将轮胎前移，否则右脚没有足够的空间。为了满足这一点就必须重新考虑汽车底盘的设计。也就是说，每一点都要得到充分讨论。如果事先不规划好，中途就会出现因底盘而导致驾驶人无法舒适落座的问题。

**我**：非常赞同。拿我们的工作来说，不能心安理得地等错误的稿子交上来再做修改，正确的做法应该是从一开始就与相关部门协商好，等采访结束后应及时询问进度，并判断是否可用，这才叫工作。我理解的对吗？

**金井**：没错，是这样的。

## 为何要边奔跑边思考？

**我**：那为什么大家都不那样做呢？

**金井**：简单来讲是因为事先把一切考虑好是一件很麻烦的

事情啊（笑）。想那么远有什么用啊？车到山前必有路，兵来将挡水来土掩就好了，在马自达持这种想法的人不在少数。

**我**：原来如此。我在工作中也曾认为没必要思考太多，等记者写出了稿子我再好好修改。

**金井**：但是，事先把一切考虑好绝对不是无用功，即使计划有问题，及时修正就好了。可能大家会想，如果计划本身有问题该怎么办呢？其实，世上本来就没有所谓完美的计划，我们很难做到准确无误地预知接下来要发生的事情。

**我**：那该怎么办呢？

**金井**：有调查才有发言权。要明确是基于何种理由做出的决定，且要记录好是谁在什么时候做的决定，理由又是什么。当然，这样做并不是为了追究责任，而是为了有据可查、有章可循，为了能及时发现问题所在，以便快速精准地修正问题。我认为认真思考了后再出现问题并不是一种罪过，但工作之前不加考虑，以及明知犯了错却不采取任何措施的行为才是罪过。

"PD 管理法"即未雨绸缪、避免问题；"CA 管理法"即不加准备、临阵磨枪。

我们由下图可以看出从 Plan（计划）到 Do（执行）、Check（检查）、Action（对策），随着工作的进展，问题越来越容易被发现。在 Plan（计划）和 Do（执行）阶段，工作中潜在的问题是很难识别的。而另一方面，工作越有进展，解决问题的难度就越大，"返工"也会不断增多。

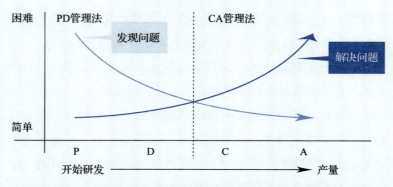

注：横轴上的 PDCA 仅表示工作流程，并不意味着与图中位置精确对应。

"PD 管理法"指的是自 P（计划）阶段即铆足劲儿认真考虑目标设定是否妥当、哪些环节有可能会出问题，将一切可能出现的问题尽量扼杀在萌芽状态的管理方法。与此相反，"CA 管理法"指的是事先不考虑好，走一步看一步，将精力和技术花费在后续问题的解决上的管理方法。

如果在工作中奉行"CA 管理法"，那么一旦出现问题，便是棘手的问题，且通常在发现问题时已经没什么时间可以用来修正了。在生产现场，人们不仅要面对苛刻到离谱程度的交货期限，还要承受突发问题带来的严重事态。人们在此双重压力下早已不堪重负。然而，他们即使在这种情况下仍然试图解决问题，并由此产生了一种"英雄主义、奉献精神"带来的充实感。与此同时，他们还乐观地认为自己做了一件非常了不起的事情。于是，他们不久便重蹈覆辙，再次疲于应对，如此循环往复。事实上，一旦生产现场出现难以解决的问题，那么即意味着计划本身的失败。这不禁令我想起了一句话："英雄的诞生即意味着后勤保障的失败。"

第三章

"马自达地狱"
的逆转启发

## 明明可以生产出与本田奥德赛相抗衡的车型，结果却没做到

1992年8月24日的《日经商务》头条新闻标题为"研判失误，接连不断的新车研发成为马自达的巨大负担，即使拥有五大销售渠道也无济于事"。该篇报道开篇写到"马自达向公司3万多名员工促销汽车，马自达相关负责人声称公司甚至将为员工提供长达96个月（8年！）的车贷，以促进每位员工认购一辆马自达汽车。如果不能做到每人购买一辆，那么马自达将无法完成销售目标。"该报道摘抄如下：

1月至7月，马自达的国内销量为30万5088辆，与上一年同期相比减少了10.2%。马自达宣布下一年度（1993年3月期）计划卖出58万辆，将超越上一年度国内54万9000辆的总销量。时任社长的和田淑弘解释称，之所以制订这样一个计划是因为，在上一年度所推出的11款新车中，有8款将于下一年度开始销售。得益于新车效应，下一年度销量必定上

涨。然而，目前来看计划完全落空了。

马自达实施的扩张政策带来了与预想完全相异的坏结果。至 1993 年 3 月，马自达在日本国内市场的占有率下跌 10%，且这一年也是"B-10 计划"（目标销量 80 万辆）实施的最后一年。接下来笔者再次引用《日经商务》的内容如下：

"B-10 计划"的主要负责人安森寿朗专务曾这样解释该计划制订的目标。他指出，想要在市场竞争中存活下来就必须至少拥有 10% 的市场占有率，为了实现这一最低目标就必须至少销售 80 万辆汽车。为了化解马自达汽车即货车和廉价车制造商的形象，同时也为了通过生产轿车实现与其他汽车制造商相抗衡的目标，马自达必须开拓新的销售渠道。为了化解廉价车制造商这一企业形象，马自达甚至在低价格车辆销售渠道中隐去了马自达的标识。

马自达不惜在低价格车辆销售渠道中隐去公司标识的做法并未挽回其扩张政策的失败。这一失败导致马自达不得不通过大幅降价来提高销量。消费者虽然一时以低价购买到了马自达汽车，但在以后置换汽车时却发现那辆马自达汽车的回收价格很低，如此便很难成功置换到其他更好品牌的汽车。无奈之下，消费者只得将旧车再次卖给出价较高的马自达，而再次置换的汽车仍是马自达。如此一来，消费者便永远只能开廉价的马自达汽车了。后来，人们甚至把这一恶性循环称为"马自达地狱"。

事到如今，马自达的经营管理层终于决定重新审视原有的理念，并在新的中期经营计划中制订了"树立长远目标，制订

合理计划"的指导方针。一直以来对公司所奉行的"边奔跑边思考"的经营理念持批判态度的金井先生自此走上前台,开始带领大家研究制订新的研发计划。

**金井**:20世纪80年代至90年代的惨痛经历对我来说至今仍是一段痛苦的回忆。明明努力付出了,结果却竹篮打水一场空。其间还出现了因未严格遵守研发日程而导致新车滞销的问题。诸如此类,不一而足。

**我**:对整个公司及公司客户而言,马自达陷入了"马自达地狱"般的境地。

**金井**:汽车的产品策划和研发周期是很长的,因此相关变更出现得越晚则难度越大。而一旦发生变更就不得不返工,于是已经完成的工作就成了无用功。不仅汽车领域,大概任何工作都是如此吧。

**我**:那么,最大的返工是不是新车上市却滞销,并因此而不得不全部返工?

**金井**:马自达一直在重蹈覆辙。所以,我认为边奔跑边思考是行不通的,在奔跑之前必须先考虑好。

一辆车从策划到批量生产大约需要3年时间,而在此之前需要提前9年左右的时间考虑好今后两代汽车产品升级的相关研发。而且,如果每年都定期推出一款或两款新车的话,那么从一开始便要将每款车之间的关联性纳入考虑范围内。事实上,在研发并生产Cronos及其系列车型时,我便想到,"如果预先考虑清楚车型之间的关联性,那么实际工作中本可以有更为行之有效的方法"。

具体举例来说,假设我们最初策划的是 A 车型,半年之后又开始了 B 车型的策划,若一开始就考虑清楚 A 车型与 B 车型的上市时间及研发目的的话,那么到了具体使用什么技术这一层面时,两个车型就可以一起考虑了。如果后续又开始了 C 车型的研发,那么就可以 3 个车型一起考虑了,省时又省力。如果再考虑到今后两代汽车产品的升级研发的话,那么研发效率将大幅提高,且能稳步实现技术的积累。

**我**:原来如此。

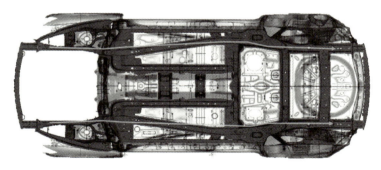

上图为马自达汽车的平台架构示意图。在平台上要安装发动机,固定悬架,立好支柱,还要搭载车身配电盘。因此,可以说平台即汽车的地基。

**金井**:随着扩张政策的偃旗息鼓,公司经营管理层也开始考虑工作的合理性了。我于 1991 年调入车辆设计部,主要负责汽车平台架构设计的计划开展工作。

**我**:平台是汽车的地基,也就是汽车各部件中最大的,也是最基本的部分吧?

**金井**：是的。从某种程度上讲，我是基于全局的角度，长远地思考今后研发的汽车需要利用什么样的平台技术。如今想来，这种做法与后来的"创新制造"策略中所实施的"一揽子计划"颇为相似。要做到从全局出发且长远地思考今后研发的汽车需要使用怎样的技术，就必须明确不同车型之间相通的"固定部分"，以及区分出每个车型的"变动部分"。因此，我提出必须提早考虑好未来的研发车型，并制订出相关计划。

**我**：原来"创新制造"理念在这个时候已经萌芽了啊。金井先生真是高瞻远瞩啊。

**金井**：也谈不上高瞻远瞩。其实，我当时的想法可以用"GVE"（团队、价值、工程）来表示。

## "创新制造"萌芽于公司内部培训

**我**：恕我孤陋寡闻，我听说过"VE"（价值、工程），却还是第一次听到"GVE"的说法。

**金井**：1979年，我负责汽车底盘的研发工作。当时公司安排包括我在内的几十个人到咨询公司接受了"GVE"的相关培训。那次学习为我后来的想法奠定了坚实的基础，其中也包括"创新制造"。

**我**：原来马自达的变革始于40年前的那次培训啊。那既然如此，为什么后来马自达又出现了追求"All New"的状况呢？

**金井**："GVE"理念在引入公司之初还是产生了一定影响力的。但若离开持续性的学习，这一理念很快便会被大家淡忘。

**我**：在人人追求"独创性""世界首创""个性化"的公司氛围中,"GVE"理念渐渐被遗忘也是注定了的。但金井先生并没有忘记。

**金井**：其实,我也曾被卷入公司上下皆重视个性创新的浪潮中,把"GVE"理念抛到了脑后,一度堕落为一个随波逐流的研发人员。后来我对此懊悔不已,懊悔自己未能认真地坚持"GVE"理念。

● GVE的关键点:把握全局而非单个产品

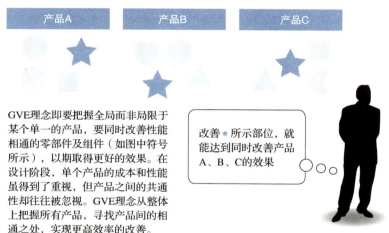

GVE理念即要把握全局而非局限于某个单一的产品,要同时改善性能相通的零部件及组件(如图中符号所示),以期取得更好的效果。在设计阶段,单个产品的成本和性能虽得到了重视,但产品之间的共通性却往往被忽视。GVE理念从整体上把握所有产品,寻找产品间的相通之处,实现更高效率的改善。

到了1991年,马自达汽车车型散乱、缺乏统一性的问题成为公司讨论的焦点。设计研发人员一味追求汽车设计的特性,造成每一款车都不一样。例如,当时的主力车型Familia就与其前身车型Capella大相径庭。其实,设计研发人员很多时候只是为了追求单纯的差异化而已，很多改变事实上是毫无意义的。这些毫无价值的设计改变不仅带来不必要的零部件变更，也迫使组装方法发生变更。如此，便大幅增加了本可避免的工作。

**我**：如果一开始不考虑周全，那么后期将越来越多地出现毫无意义的工作。

**金井**：就是这么回事。在策划、设计阶段不考虑周全，那么在执行过程中就会徒增大量的工作，这是很麻烦的。同时，还将造成资源和资金的大量浪费。面对这种现状，我们决定要提高计划的合理性，减少车型和零部件数量。

为了将这一想法付诸实践，我们将多种车型集约为3种。这一改变让大家工作起来非常开心。

**我**：您说的是哪3种车型？

**金井**：遗憾的是这3种车型最终并未上市。不过，其研发过程是很令人开心的。

**我**：具体是什么地方让您感到开心呢？

**金井**：您还记得本田的奥德赛（Odyssey，特别受欢迎的日式小型商务车）是哪一年推出的吗？

**我**：我刚查了一下，是1994年。

**金井**：对。翌年，本田又推出了更为热卖的CR-V。其实，当时的马自达也做了相同车型的计划，只不过计划未能如期进行，想来真是太可惜了。

## 准确预知小型商务车、SUV 风潮的策划人

**我**：是吗？！您是说马自达曾在同一时期提出过与本田三排座小型商务车及轻型 SUV 相同的企划吗？

**金井**：没错。三菱汽车的帕杰罗（Pajero）当年一经上市就备受好评，掀起了一股在城市道路驾驶越野车的风潮。彼时，马自达公司的策划人就曾提出新一代车型虽然从外观上仍像越野车，但实则会偏向轿车，且轻便、时尚。

**我**：太厉害了。这么说来，马自达人其实早在 30 多年前就已经预见到了 SUV 将引领风潮。

**金井**：是的，那位策划人还曾预言三排座小型商务车将成为日本家庭用车的主流。于是，1993 年伊始，马自达就着手开始研发这两款车了。当然，这一研发是以统一的汽车平台设计为前提的。然而，令人遗憾的是，这一计划最终未能成行。如果计划如期进行的话，那么即使比本田晚一些，最迟在 1995、1996 年也该上市了吧。当本田 CR-V 上市时，大家就断言这款车一定会大卖。果不其然，其火爆程度非同一般。

**我**：是的是的。我仍记得当时路上视线所及之处皆可看到 CR-V。这款具有本田特色车型的火爆程度一度超乎人们的想象，没想到马自达也曾有过相同的策划啊。

**金井**：马自达确实被抢占了先机。

**我**：计划没能如期进行实在令人遗憾不已。不过，这一策划的提出者真的是非常了不起呢。

金井：是的，这个时期的产品策划负责人的确有着卓越的洞察力。这位负责人曾信心满满地说过"这两款车一定会成为引爆日本市场的时代弄潮儿"。我们深受鼓舞，并对研发充满了期待，每天都非常开心地投入到工作中。

我：马自达之所以终止该项研发，是由于扩张政策失败而导致新车型的研发变得困难的缘故吗？

## 这不是马自达该生产的车

金井：有可能是资金短缺造成的吧。不过，当时的经营管理层到底是基于何种原因而做出了终止研发的决定不得而知。我只记得他们说过，"这不是马自达该生产的车"。

我：那为什么他们会这么说呢？

金井：他们的理由是这两款车显然不符合马自达汽车"外形优美、速度快"的品牌形象。

我：他们对小型商务车和轻型越野车不感兴趣，没有产生共鸣。

金井：是的。我记得他们说过马自达为何要生产小型商务车，马自达不应该生产车身较大、较高的汽车之类的话。或许这是他们是为了掩饰资金短缺无力投资的窘况而编织的一个冠冕堂皇的理由吧。

我：不管怎样，作为局外人是很为马自达感到惋惜的，毕竟帕杰罗和 CR-V 的销量十分火爆。

金井：不过，马自达也从中吸取了一定的教训，即公司的经营管理层作为决策人，应当让每一个人都清楚地知道我们的战场在哪里，我们可以为之努力的范围是什么。

企业的品牌形象固然重要，但经营管理层也绝不应仅凭个人喜好来判断该生产什么或不该生产什么。如果没有一个清晰客观的判断标准，不明确由谁以何种理由做出判断的话，那么难免会重蹈覆辙。

**我**：就像 Eunos 800 发动机舱需要削减 30 毫米那件事一样，一开始就必须和所有相关人员共享信息，让大家清楚地了解情况。

**金井**：我们当时在汽车平台的相关计划中负责技术研发工作。我们起初打算制订一个比较长远的研发计划，明确接下来要做的工作。然而，产品策划部门却没有相应地制订一个长远的产品研发计划。虽然工作日程中含有产品升级的大致日期，但对于要生产什么样的汽车、市场定位是什么等并没有具体的策划。我认为应该制订一个比较详细的计划，把发动机的具体型号等具体事项确定下来。十年期的计划或许有点困难，但至少应该明确五六年内要生产什么样的汽车吧。我为此曾深感苦恼。

## 未来与现在混为一谈

**我**：那这个问题后来解决了吗？

**金井**：我们技术研发部门还是有一些努力空间的。汽车研发一般有两种，一种是将目光放在十多年以后而开展的"未来

技术研发",另一种是面向今后五年左右的"产品研发"。当时的马自达同时推进着这两种研发,而两种研发一旦发生冲突往往会优先做眼前的工作。如果不将这两种研发严格区分开来的话,那么有预见性的研发便会遇到困难。这也导致了我们失去了研判十年后的流行技术的能力,以及生产十年后具有竞争力的车型的能力。而这些本该是我们需要采取措施加强的地方。

**我**:也就是说,要有专门的技术人员分别来负责"未来技术研发"及"产品研发"的工作,不能混为一谈。这听起来好像是理所当然的吧。

**金井**:看似理所当然,实则相当困难。特别是对资源短缺的马自达来说,是很难做到的。

因为同时进行两种研发,所以一不小心会将"未来技术研发"的相关部件应用到"产品研发"上面来,结果却耽误了研发日程。又或者因为突然决定在"产品研发"中加入新技术而造成生产现场的一片混乱。

**我**:您指的是 Eunos 800 临时更换新研发的米勒循环发动机那件事吧。

**金井**:为了避免这类问题,我认为在进入产品研发阶段之前就应当确保接下来所使用的技术是固定的,是经反复试验准确无误的。如果到了产品研发阶段再进行技术性试错的话,那么势必会打乱原有的研发日程,还有可能因试错结果不如人意而不得不大量返工,并最终造成严重的后果。

**我**:原来如此。冒险使用未经实践检验的技术带来的问题将相当麻烦，因此要使用经反复试验准确无误的技术。可是，这样一来就会不可避免地造成资源的争夺，从而出现"产品研发"得到优先考虑，而"未来技术研发"落后一步的问题吧。

金井：是的。"未来技术研发"要把技术试错及商品化所需的时间充分考虑在内，因此相关日程要保持日常性的提前。当然，要做到这一点就必须从根本上改变整个公司的研发体制。然而，这一想法直到"创新制造"理念提出之时才得以实现。

我：就"未来技术研发"而言，如果不提前规定好努力的方向，那么研发方案往往会变得杂乱无章吧。

金井：由于公司未曾制订一个统一的大方向，因此根本无法制订长期计划。然而，正当我们为此烦恼之际，公司提出将与美国合作方福特汽车共享汽车平台，于是马自达自有汽车平台的统合工作也就中断了。

## GVE、VE 是摆脱"常识"及"固有观念"的工具

我：恳请您再详细地介绍一下 GVE 具体是怎样一种理念吧。

金井：我并不是这方面的专家，只是曾经学习过 GVE，并在实际工作中总结出了一些个人观点而已。那我就谈一谈我的浅见吧。

我：洗耳恭听。

**金井**：举例而言，假如我要吸烟，那么为了将烟点燃，首先要使用打火机点火。这听起来是再正常不过的了，对吧？

**我**：是的。

**金井**：吸烟、使用打火机点火，这两个再普通不过的动作之间还夹杂着一个为什么。

**我**：您是指吸烟为什么要点打火机？

**金井**：是的，为什么呢？

**我**：如果我回答是为了将香烟一端的温度升高到着火点以上，是不是有点答非所问啊。

**金井**：哈哈哈，是因为香烟一端需要火源。不过，除了打火机不是还有很多别的方法吗？例如，用放大镜聚集太阳光同样可以达到点燃香烟的目的（笑）。我想通过这个例子强调的是发散性思维的重要性。

**我**：如此说来，方法还有很多。例如，以前汽车上安装的雪茄打火机、在镍铬耐热合金上导入电流等。

**金井**：是的，方法有多种多样，也就是说将"目的"与"手段"连接起来就成了"思维导图"。

**我**："思维导图"？这还是第一次听说。

**金井**：我所说的"思维导图"是指在左侧写出目的，右侧写出为了达到目的可以使用的手段。尽管目的只有一个，但是手段却有很多。

**我**：例如可以使用用打火机、火柴、放大镜等多种方法达到点燃香烟的目的。

**金井**：如果进一步将一个个手段视为新的目的，那么为了实现这些新的目的又可以发现很多不同的手段。就像一棵大树有很多枝杈一样，在目的和手段的不断分化下便能构成一个树状思维导图。

## 激光笔是怎样发明的？

**金井**：新的手段产生新的目的。为什么放大镜这个手段可行呢？那是因为通过放大镜可以将光源聚集到一个点上。也许有人会想到激光也可以达到点燃香烟的目的。

**我**：哈哈，确实如此。

**金井**：虽然有的想法可能有些离奇，但却可以使我们脱离固有思维。我刚才提到用激光点燃香烟时引发了你的一阵大笑。我们当然不可能用激光来点烟，但你是知道激光笔的吧？

**我**：您是指经常在演讲等场合使用的激光笔？

**金井**：是的。激光笔并不是基于改良指示棒的目的而发明出来的，而是在"是否还有其他可用于吸引听众注意力的手段"的思维下产生的。

**我**：嗯，激光笔并不是高性能版的指示棒。推导目的，思考手段。也就是说，不只要思考实现目的所需要的手段，也要思考使用该手段的理由对吗？

**金井**：没错。我把这称为内插法与外推法。

**我**：内插法与外推法？

## 为什么想吸烟？

**金井**：所谓内插法是指在目的与手段之间不断提出理由。

例如，为什么点打火机？是为了使温度达到着火点以上。为什么要将温度升高到着火点以上？是为了使香烟发生化学反应，进而产生气流和香味。香烟是如何发生化学反应，又是如何产生气流和香味的？……不胜枚举。

**我**：通过不断提出为什么来分解手段，进而跳出常识，碰撞出思维的火花。

**金井**：外推法有两种。一种是追溯目的的"上游"外推法，另一种是不断挖掘手段的"下游"外推法。

**我**：就吸烟这件事来讲，如何理解内插法与外推法？

**金井**：在当下，一个吸烟者大言不惭地谈论自己吸烟的理由一定会遭到人们的指责。因此，我以此为例可能并不十分恰当，这点还请见谅。例如，放松便是吸烟者选择吸烟的理由。

**我**：原来如此。难道不是想摄入尼古丁？

**金井**：嗯！说得好！但摄入尼古丁仅是理由之一，如果继续追溯下去的话，放松则是其更深层次的理由。

**我**：那样的话，喝咖啡、做运动等也可以达到放松的目的啊。

**金井**：没错。就像您说的那样，当追溯到放松这一理由时，我们便会产生"难道放松只有吸烟这一种方法吗？"的疑问。也就是说，我们会很自然地以新的视角思考其他使人放松的方法。以目的和手段的关系为抓手，通过内插法与外推法厘清现状，发现问题，解决问题，这就是我理解的 GVE 理念。

**我**：以我个人的理解而言，这就类似于选择近景拍摄细节还是远景拍摄全局的问题。刚刚您提到的"产品研发"与"未来技术研发""个别产品"与"整体大方向"的关系应该也是如此吧。

**金井**：我再补充一句，我们刚才提到的是目的与手段的关系，而原因与结果的关系也是一样的。

## 质疑常识，寻找突破口

**我**：您是说即使面对类似于"因 A 则 B"的单纯因果关系也要多问些为什么吗？

**金井**：举例而言，人们一般都认为"日元升值导致马自达股票下跌"这一因果关系是理所当然的（笑）。但究竟为什么日元升值会导致马自达股票下跌呢？这一质疑其实就是前面提到的内插法范畴内的。

**我**：但是，也可能是因为汇率变动造成人们的感受发生了变化呢？又或者只不过是人们的一种固定化了的想法呢？那么，这种情况下的外推法该如何理解呢？

**金井**："马自达的股票下跌会带来什么后果"，或者"日元究竟为什么会升值"等质疑都属于外推法的范畴。

**我**：原来如此。

**金井**：其实，目的与手段、原因与结果这两种树状思维在某种意义上都是可行的。但是，如果旋转 180 度的话，两者又变得非常相似。不过，不管哪一种树状思维，在绘制时一定要同时遵循内插法与外推法，这样才能避开常识的陷阱，得出有研讨价值的关键点。

● 金井流派"内插法范畴的为什么"与"外推法范畴的为什么"

①原创思维导图(常识性的因果关系)

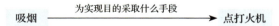

②思考"内插法范畴的为什么"(通过思考"为实现目的采取什么手段"和"采取该手段的理由"向内部纵向深化)

为什么吸烟要点打火机(采取该手段的理由)?

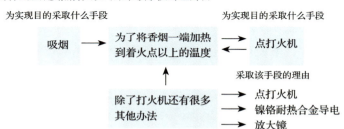

③思考"外推法范畴的为什么"(通过思考"为实现目的采取什么手段"和"采取该手段的理由"向外部延伸)

上游:为什么吸烟(采取该手段的理由)? = 深层挖掘需求

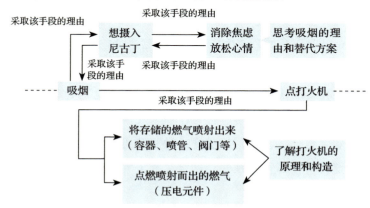

下游:如何才能点着打火机? = 深层挖掘原理

## 第四章

## 在福特旗下重新审视汽车制造

## 模拟试验装置的完成并不意味着可立刻投入使用

马自达汽车的销量曾于 1991 年 3 月达到 146 万辆,但好景不长,3 年后即 1994 年 3 月的销量却锐减至 101 万辆,翌年则跌破 100 万辆大关,最终亏损额高达 489 亿日元,1995 年 3 月的最终亏损额也高达 411 亿日元。面对如此事态,马自达当时的主要合作银行住友银行开始介入。1996 年,福特公司正式出手收购了马自达 33.4% 的股份,掌握了马自达的经营权。自此,马自达作为日本汽车公司,开始在首个外国人社长亨利·华莱士的指挥下,全方位地重新研究制订新车研发计划。于是,金井先生所推行的新平台技术也就此搁浅了。然而,另一方面,一个成就了今日马自达的远大计划"马自达数字革命(MDI)"也在这时开始启动了。

并入福特旗下及 MDI 计划的启动为此后"创新制造"战略的实施埋下了伏笔。与此同时,也有一份意料之外的工作在等着金井先生。

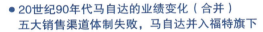

●20世纪90年代马自达的业绩变化（合并）
五大销售渠道体制失败，马自达并入福特旗下

**金井**：马自达于1996年并入福特旗下，同年9月我被任命为新成立的"车辆前期设计部"第一任部长。我的第一项工作是负责当时刚刚启动的MDI计划的推进工作，并要兼顾研发能力的提升与成本的降低，利用数字数据统合汽车研发、试验、生产的全过程。

**我**：真是一项宏伟的计划。这些是在福特的主导下才开始的吗？

**金井**：不是的。早在并入福特旗下之前，马自达内部就有一个人曾积极推动引进数字化技术，此人还主张马自达在传统的平面设计图之外，也应实现汽车制造技术的3D数据可视化。

通过模拟试验装置开展研发技术的试错工作,以此减少试验所需时间,大幅降低成本,减小平面图与成品之间的误差等。实现汽车技术的 3D 数据可视化对资源本来就短缺的马自达来说是非常有必要的。该计划的升级版 MDI-Ⅱ目前仍在进行。

**我**:就是所谓的模型库开发对吧?该计划真的是太有先见之明了。

**金井**:该计划的最终目标是越过样车制造环节,直接在最终设计图出图后实现量产。1994 年,公司开始对该计划展开具体研讨。因此,早在 25 年前,马自达便启动了这项至今仍受全球各大汽车制造商追捧的计划。由于该计划极具挑战性,前期准备耗时较久,因此直到 1996 年才以 MDI 计划的名义正式启动。从计划启动到 2005 年第一辆试验车 Verisa 问世,一共耗费了 10 年时间。

在我上任之时,MDI 计划所需的硬软两方面的设备投资已基本完成。当时,我兴奋异常,心想,这一计划终于得以启动了!大家以后只需在工作平台上共享 3D 数据可视化设计图就万事大吉了……

**我**:听您说话的口气,之后并不那么顺利,是吗?

## 这是一个从零开始重新思考工作流程的契机

**金井**:是的。就拿全员共享一张设计图这件事来说,如果大家只凭个人喜好来绘制的话,必定会造成很大的混乱。因此,首先必须确定好设计图的绘制方式、修改方式、修改顺序等。

总之，实现设计图 3D 化后，需要执行新的工作流程。在新的工作流程下，将每项工作分配到个人，这是我在车辆前期设计部所负责的两大课题中的第一项具体工作。

**我**：原来如此，听起来好复杂啊。

**金井**：虽然这项工作事无巨细、异常烦琐，但对我来说却是一段非常有意义的经历。这项工作不仅仅是工作流程指南的制订，也成为我重新审视研发过程的契机。

**我**：具体是怎么回事呢？

**金井**：一辆汽车的设计参与者通常多达几百人。大家先将自己负责的零部件制作成 3D 数据输入计算机，再由其他技术人员对其进行评价和修改。如果大家各自为战，单纯基于自身的考虑输入 3D 数据的话，将会出现零部件之间的相互干扰、零部件功能失常等各种问题。在这种情况下，工作流程对于提高设计图的完整度、确保汽车的顺利生产是至关重要的。

**我**：如果大家不能有条不紊地对工作进度做出妥当安排的话，是不是会造成不必要的"等待"和"返工"？

**金井**：是的。如果事先不对工作中的关键点予以一一确认，那么在之后的工作中必定出现问题。由于模拟试验是在没有汽车实物的情况下进行的，因此必须在最合适的时间点有意识地确认其合理性。

那么，如何才能做到整体一致性、安排好各方工作进度，以及随时确认整体完成度呢？在整理问题点的过程中，我意识到要达到上述效果就必须重新调整研发流程。设计图的 3D 化（MDI）也为我们提供了一个重新审视马自达 MPDS（马自达的产品发展系统）的契机，即重新思考包括策划、量产在内的全流程的合理性，例如确认每个时间节点该做什么、节点之间该如何衔接等。

**我：** 这项工作真的非常适合金井先生。

**金井：** 3D化带来的设计及制造的高效化在此时虽然还不明显，但MDI的导入及其对MPDS的改善已然成为公司内部特别是研发部门的"通用标准"。总而言之，MPDS会告诉大家当天该提交什么样的设计图。

汽车的研发涉及底盘、发动机、内饰等多个部门。哪怕只有一个部门的进度慢下来，也会导致其他部门空等，并最终导致样车无法按预期完成。因此，在各部门之间安排好进度，并做到相互协调是非常重要的。

**我：** 如果零部件检验员当天之内完不成核验，那么后面的人就无法得到数据，进而导致工作不能正常进行。因此，您肯定会明确要求大家一定要按时完成工作的吧？

**金井：** 不管怎么强调，还是有很多人不遵守（笑）。他们的理由五花八门，比如"不小心迟到了""数据是做出来了，但是只是暂定数据""不好意思，有个小错误需要返回修改"等，都是常见的理由。

这就像突然播放进行曲，让大家按节奏前进一样，有人会不知道该怎么走，有人还没有准备好，也有人体力不支等。因此，让大家从一开始就做到脚步整齐划一是很困难的。只能一边做一边反思，通过调整工作架构，一步步地让大家跟上步伐，让大家在工作中不断地磨炼技术，改变思想。在大约三年时间内，经历了五六种车型之后，各部门间才慢慢地有了默契。

**我**：通过不断地调整计划让大家齐头并进，这在之前的马自达是没有过的吧？

**金井**：之前的马自达也在一定程度上检查过工作进展情况，但不够彻底。而此次整改后，大家的目标变得十分明确，都能清楚地知道接下来要解决什么问题。

通过调整，如果发现有进度放缓之处，大家会在第一时间集中资源赶上进度。全体工作人员做到了实时共享工作的进展状况，大家相互鞭策，严守新车研发日程。如此一来，新车上市日程便得到了保证。想想以前，大家只是跟着旁边人的节奏打拍子，节奏快慢不均。而现在，大家全部听从鼓声指挥，节奏整齐划一。

**我**：如果在生产 Eunos 800 时也能做到这样该多好。不过，当时全体人员共同面对问题、分担困难的做法与现在倒是颇为相似。

**金井**：我在车辆先期设计部门负责的第二项工作是充当策划部与研发部之间的桥梁。

**我**：我想确认一下，策划部门首先将车辆设计理念绘制成具体的布局设计图，然后再将其制作成研发部门可以批量生产的零部件设计图，我这样理解正确吗？

## 曾因制作评分表而招致怨言

**金井**：是的。策划部门首先制定新车设计图及功能目标等，然后将其绘制成可以实际生产的汽车设计图并交给研发部门。拿到设计图后,研发部门经常会提出"提交的设计图达不到目标要求""无法用其批量生产""需要重做"等意见。

**我**:这是怎么一回事呢?

**金井**:我对实际情况是比较了解的。策划部门工程师人数有限,造成设计图做出来后无法在细节上一一做到进行技术检验。

**我**:追求完美的产品策划与实际生产现场之间往往不是那么吻合,每个公司好像都存在这个问题,那么,这一情况具体到汽车制造上又是怎样的呢?

**金井**:我简单举个例子吧。策划部门一边提出要将车身减轻100千克,一边又提出要安装各种先进装备。面对这种情况,研发部门质疑策划部门为何在设计上根本未体现可以减重的要素,而策划部门则要求他们在研发阶段自己想办法解决。

**我**:不管在哪个公司,如果各部门只管自己负责的那部分,过分强调分工,事不关己高高挂起的话,那么就会经常发生上述类似的问题吧。

**金井**:是的。和你交谈的过程中,我再次意识到当时各部门之间的工作真的就像交接接力棒一样:"我的工作完成了,接下来看你的了"。而如今的工作模式则是从策划到研发、试验、制造,各环节共同创新、创造。想要减少返工,就必须在策划环节尽可能地提高设计图的完整度,把各种情况都考虑到,并且将各项具体工作分配到个人,各司其职。

**我**:当时都采取了哪些措施来提高设计图的完整度呢?

**金井：** 我曾经制作了策划设计进度评分表。虽然叫作评分表，但实际上是大家给自己评分。我把核对表交给策划部门，告诉他们我也会给他们打分并制作成绩册，还吓唬他们，如果设计图完成度达不到 80% 以上，研发部门将拒收。

**我：** 您这样做肯定会招致怨言吧？

**金井：** 是的。策划部的人对我恨之入骨，不过这也很正常（笑）。

**我：** 只有制作评分表这一项措施吗？

**金井：** 当然不是。另一项措施跟 MPDS 有关，就是将经系统研究得出的有关竞争车型的标准编入策划阶段。

## 不对竞争对手做调研者大有人在

**金井：** 我们在策划阶段会制订一个设计构思，思考新车型该使用什么技术。在着手制订这个设计构思之前，我会再三确认是否对竞争车型做了详细的调查。对于这一点，我非常坚持并且做了大量努力。对竞争车型做调查是很平常的一件事情，但我要求策划人员从思想上必须要重视，至少花 3 个月的时间去潜心研究竞争车型的标准，不能有任何松懈。如果不好好学习竞争车型就去制订设计构思，那就未免太自负了。我在很久之前就产生了这样的想法，这也是从 GVE 理念得到的启发。设计人员很容易产生唯我独尊的自负心理，不屑于向别人学习。然而，这样的人往往到了批量生产的关头才发现别人制造的汽车更胜一筹，这让他们惊慌失措，却早已错失良机，很可能出现虽然非常努力，但造出的车却卖不出去的结果。

**我**：太执着于自身的想法，等到车造出来了却发现市面上已经存在类似产品了。

**金井**：调查研究竞争车型并非只是学习一些皮毛，也不是进行浅显的技术讨论那么简单，而是要虚心地详细调查其他公司的产品，鼓励大家做出比竞争对手更加优秀的设计，让大家争创世界第一。通过这种方式让大家理解并接受为什么要将研究竞争车型的标准编入策划阶段。

如果一个技术人员不清楚市场上是否存在竞争车型，或者虽然知道存在竞争车型却不了解对方的具体情况，那将是令人耻笑的。

**我**：也许是这样的吧，不过看起来也不是一件容易的事。

**金井**：全面启用大幅改善后的 MPDS 研发流程，特别是全面执行标准程序后制造的第一辆车就是后来被称为阿特兹（Atenza）的车。

**我**：马自达为了东山再起，背水一战地推出了"Zoom-Zoom"战略计划，Atenza 是该战略计划指导下所生产的第一款中型轿车，也是在金井先生制订的新工作计划指导下制造的第一辆汽车。

**金井**：是的。开始研发 Atenza 时，我正好负责车辆前期设计部门的工作。我从来没有想到过我会第一个作为研发项目负责人，按照自己制定的 MPDS 研发流程负责新车研发。

## 在标准上再多下点功夫

**我：** 在金井先生的强烈主张下导入的标准程序具体是怎么执行的？还请您不吝赐教。

**金井：** 我经常对策划内容提出一些质疑，例如，"为什么得出这样的结论""根据是什么"。也就是说，我想让大家在策划阶段应做到能够清楚地解释是谁、在什么时候、出于何种目的、何种考量而得出的结论并做出的决定。

在做决定之前，应当先调查其他品牌汽车的性能、成本、零部件的尺寸及车身重量、车辆布局等。只要做到了这些，那么也就对诸如目前哪家公司的中型轿车使用的是世界最先进悬架技术等问题了如指掌了。同时，如果我们计划生产的车型与市面上的已有车型基本相同的话，那至少从侧面证明我们的想法是可行的。

进一步来讲，通过调查研究还能让我们明确竞争对手在今后三年内可能达到什么水平，而我们需要在哪些方面做出努力才能有所超越。我们的目标便是通过这样一个不断积累的过程，形成产品设计的数据库，达到随时都能做出清晰解释的程度。

**我：** 也就是您之前讲过的 PD 管理法吧？

**金井：** 是的。如此一来，即使中途某个零部件的研发不太顺利，也能迅速追溯到源头，了解到最初研发该零部件的相关情况。相关人员能够在第一时间掌握信息，以便更好地商讨对策，问题也更容易得到修正。

**我**：嗯，这样一来就能很快弄明白"内插法的为什么"和"外推法的为什么"。

**金井**：我主张彻底了解其他公司相关标准的另一个理由是为了不让大家仅止步于与马自达车型做比较。我希望马自达的设计人员放眼世界，而非故步自封，不要因为与自身相比前进了那么一点点便骄傲自满。天外有天，人外有人，我们可能把先前100分的东西做到了120分，但有人可能已经做到了200分。故步自封到头来只会导致辛辛苦苦制造出来的产品一败涂地。因此，为了避免这种情况的出现，我曾告诫设计人员不要说"与公司之前的产品相比有了很大改善"之类的话。

## 调查哪款竞争车型取决于经营管理层，调查哪些方面则取决于现场的第一投手

**金井**：关于标准，我强调的地方还有很多。例如，调查哪家公司的哪一款车是由经营管理层来决定的，而具体调查则必须交由部门中的专业精英来完成。

**我**：在P（计划）阶段投入全部精力，这正是PD管理法的内涵。

**金井**：是的。而对竞争车型的标准进行彻底的调查研究是制订计划的前提。如果这件事情做不好，那么在制订研发目标时就很可能出错，甚至还可能会导致后续的工作不得不全部返工。基于此，我们在研发流程中投入了大量的优秀人才、花费了大量时间去做这件事。标准调查表中的横向内容表示竞争车型，纵向内容表示调查项目。竞争车型由经营管理层来决定，调查项目是由现场专家决定的。这个表格体现了调查活动的具体内容。

**我：** 表格中★号所代表的 BIC 是什么意思？

**金井：** 是 Best In Class 的首字母缩写，具体是指研发组认定的在性能、价格等某一方面最优的那款竞争车型。表格内容完成之后，哪款车是 BIC 也就一目了然了。这些内容都是经调查了解到的事实，可作为数据库保存下来。

表格右侧用来填写接下来要研发的汽车备选方案。一旦决定了要制造什么样的汽车，那么就必须对项目的投资额、相似度、与品牌概念的一致性等做出评估。这部分内容只是推测，并不是既定事实，因此在填写表格时要和前面的内容明确区分开来。

大家围绕表格内容一边讨论一边提出各种方案，商讨各个车型的利害得失。例如，"要制造最便宜的汽车，那么 A 公司的某某车将成为竞争车型""要制造性能最好的汽车，那么要把 B 公司的某某车作为竞争车型"等都是我们探讨的内容。

表格的最右侧是根据系统的选定（悬架、发动机等主要部件的组合）与目标设定来填写最终方案的。就拿成本这一栏来说，并非照搬左侧的数字，而是将目前设定的目标数值写到最右侧的最终方案里。

虽然仍有许多问题不够清晰明朗，但该表格可以让我们立刻了解马自达的当前车型在哪方面仍逊色于竞争对手 A 公司的某某车型，或优于 B 公司的某某车型等信息。认真研究这些内容可以避免返工，这也是 PD 管理法具体实施的典型例子。虽然我们按照这个工作流程已经实际研发出了阿特兹，并积累了实践经验，但我仍在反复强调认真研究竞争车型标准的重要性，以免大家疏忽大意。

# 以世界第一为目标的标准调查表

金井诚大推行的开发目标设定流程

| | | 1 标准 | | | | 2 系统设想（多个方案） | | | 3 系统选定目标设定 |
|---|---|---|---|---|---|---|---|---|---|
| | | 现行车型 | 竞争车A | 竞争车B | 竞争车C | Alt.1 成本 BIC | Alt.2 …… | Alt.n 商品性 BIC | 最终方案 |
| 成本 | 零部件1 | | | | ★ | | | | |
| | 零部件2 | ★ | | | | | | | |
| | 零部件n | | | | | | | | |
| 重量 | 零部件1 | | | | ★ | 事实/数据库 | 估算/可供替代的 | | 目标/承诺 |
| | 零部件2 | | ★ | | | | | | |
| | 零部件n | | | | | | | | |
| 商品性 | 零部件1 | | ★ | | | | | | |
| | 零部件2 | ★ | | | | | | | |
| | 零部件n | | | | | | | | |
| 课题 | 投资额 | | | | | | | | |
| | 共通化 | | | | | | | | |

上表根据金井先生提供的资料制作而成。★代表的是通过研究标准得出的某一项目最优竞争车型（BIC）。通过调查标准对成本、车身重量等方面分别进行详细比较。由于在新车发售之前，竞争车型也在不断进步，因此在各个方面都要制订比BIC还要高的目标。如此一来，就必须好好思考该提出怎样的系统设想（涉及悬架的形成、车门的密封性构造、排气管的布局等多个方面）。方案不止一个，有的重视降低成本，有的重视提高性能，最后公示最终方案。设定的目标数值一定是有努力空间的数值。

第五章

事关公司前途命运
的阿特兹模式

## 保证一流,争取超一流!

具有丰富研发管理工作经验的金井先生认为必须要有一个用于指导策划部门制订正确研发目标的工作计划,以免在后续工作中出现返工问题。为此,在金井先生的努力下,马自达开始尝试通过数据化(MDI)改革公司的工作流程(MPDS)。然而,就在此时,让人意想不到的是,公司突然任命金井先生担任"事关公司前途命运的新车型阿特兹"的项目研发总负责人。

**我**:在纳入福特旗下以后,马自达依然处于艰难的境地。2001年,马自达不得不下定决心实施提前退休政策。没想到主动提出退休要求的员工竟然达到2213人,远远超过了公司计划的1800人。我想这可能是马自达最灰暗的时期吧。

**金井**:自2000年发售SUV车型Tribute后,马自达于2001年没有再推出任何新车。经过漫长的等待,阿特兹终于在时隔 18 个月之后，也就是 2002 年 5 月登场。这款车包括平台在内的所有零部件都是崭新的，是一款久违了的全新车型。

**我**：这样一款全新的汽车自然令人期待不已。

**金井**：是啊。一年半的空白期确实对公司业绩产生了不小的影响。由于这是马自达为了东山再起而背水一战实施的"Zoom-Zoom"战略下的第一款车，因此无论如何必须做到极致。"Zoom-Zoom"至今仍是我们公司的品牌形象代表词。

第一代 Tribute（2002—2006 年），第二代 Tribute 未在日本国内发售

**我**：我在采访之初就询问过您，"Zoom-Zoom"这个词源于儿童在玩玩具汽车时嘴里发出的拟声词对吧？

**金井**：是的。我想有很多人对自己童年玩过的玩具汽车仍心存感动和憧憬吧。而我们马自达正是想为人们提供能够令其怦然心动的驾驶体验，想让人们通过驾驶感悟到人生的美好。"Zoom-Zoom"对我而言是一个充满力量与鼓舞的词。这个词

的诞生最早可以追溯到1997年,当时母公司福特公司曾向马自达发出了这样一个质问:"马自达在集团中究竟想表现什么个性?"这一质问直接催生了"Zoom-Zoom"战略。1998年,公司经过内部讨论,最终把马自达的个性定位为"时尚、卓越、精神饱满"。简而言之,就是新颖的设计、卓越的功能性、灵敏的操控感与性能。2002年,公司开始使用"Zoom-Zoom"一词来集中诠释马自达汽车的个性特征。

**我:**听闻第一代阿特兹的研发始于1998年,也就是马自达将研发方向定义为"Zoom-Zoom"之时吧。也就是说,Atenza是"Zoom-Zoom"战略下研发的第一款车。我没有想到"Zoom-Zoom"一词能在金井先生内心中留下如此深的烙印。

**金井:**我曾在多个场合说过,在我30多岁的时候,我的自尊在德国的高速公路上被碾压得粉碎。

## 德国车,等着瞧!

**金井:**那时,我自认为自己作为一名汽车底盘工程师也算小有成就了,整个人有点飘飘然。我驾驶着马自达生产的Capella(第三代,CB型)行驶在德国不限速的高速公路上。然而,即使我把加速踏板踩到底,车速最高也只能达到170千米/时,且噪声变得非常大,车身也不停地抖动。如果转向和制动操作稍有不慎,汽车便不知道会飞到哪儿去了。

**我:**太恐怖了。20世纪80年代前期的日本车就是那样的吧。

**金井**：当时的我又害怕又紧张，手心全是汗，根本谈不上任何驾驶乐趣。在那之后，我又驾驶着德国的高级汽车行驶在高速公路上。那种驾驶体验就完全不同了，当我开到 200 千米 / 时的车速时，不但没有出现之前的那种紧张、害怕感，反而感到莫大的驾驶乐趣，心情非常愉悦。那是一次非常直观的感受，不禁令我对马自达与德国车的差距感慨不已。

**我**：您当时驾驶的是以 B 字开头的公司的汽车吗？

**金井**：我体验了不止一辆德国汽车（笑）。总之，马自达汽车完全没办法和德国车相提并论。我当时想马自达得需要多少年才能达到那个水平啊。我的内心倍受打击。自那以后，我暗下决心一定要制造出比他们还好的汽车，努力做到世界第一。

**我**：作为一名工程师，从挫败感中振作起来，暗下决心要战胜德国车。

**金井**：是的。于是，马自达很快便提出了具体的汽车制造目标，明确规划了创新方向，确立了整体的研发方针。这一点非常难能可贵。

**我**：也就是有了一个奋斗目标？

## 金井，你来挑战一下吧！

**金井**：是的，有了这个目标后，在个性创新这件事上再也不用东一榔头西一棒子了。而且马自达开始重视"灵敏的操控感与性能"，我对这一点深有共鸣。马自达不再靠走奢华路线或者通过宽大的车内空间来博取眼球，而是将重心转向如何才能

做到轻便、舒适且愉快的驾驶体验上。

我们的存在价值说到底还是在"驾驶"上。马自达将"灵敏的操控感与性能"定为目标之一,这我感到非常开心。当时的我踌躇满志,仿佛感受到整个公司都在对我说:"金井,你来挑战一下吧!甩开膀子加油干,给德国车颜色看看!"

**我**:公司上下一致认为由此可以一雪"高速公路上的耻辱",真是让人斗志昂扬啊。

**金井**:当然,那只是我的内心感受,实际上并没有人直接跟我说那些话(笑)。

**我**:哦,是吗(笑)?不过,当您于1999年任命为阿特兹研发总负责人时,一定是踌躇满志,准备大干一场吧?

**金井**:不是的,可以说那是我人生中最不走运的一次经历。

**我**:此话怎讲?

## 职业生涯中最不走运的一次经历

**金井**:这是我的真心话。那时我作为车辆前期设计部的第一任部长,负责制订MDI计划,从策划、设计到试验、制造全部都要实现数据化。同时,我还负责完善公司的研发流程MPDS。此外,我还承担着策划与研发之间的沟通工作,每天忙得不可开交。而阿特兹的新车研发团队也需要来自我的鼓励。面对如此难得的全新车型的研发,一定要集中精力做好标准调查,我给他们的鼓励不可欠缺。

**我**:您一直鞭策阿特兹的研发团队要努力再努力。

**金井**：研发团队向我汇报设计构思时，我曾告诉他们"这个研发目标太低了"，还说了"就算和公司之前的产品相比有所改善，但能保证比其他公司更胜一筹吗？回去再好好研究研究"。当然，说起来容易做起来难（笑）。此前形同虚设的研发流程导致研发目标变来变去，意料之外的问题频发，造成工程多次返工，最终导致辛辛苦苦制造出来的汽车却卖不出去。我之所以这么努力，就是不想重蹈覆辙。可能是我努力过头了吧，就在刚刚完成一轮标准调查活动之际，我被任命为阿特兹的研发总负责人。

**我**：事情的经过是怎样的呢？

**金井**：具体的情况我也不太了解。成为研发总负责人后，策划及经营相关的工作一下子多了起来。工作内容的激增在某种程度上对我是一种困扰。但不管怎样，我始终关注着工作流程，所以对研发进展情况了如指掌。

**我**：我还是觉得您其实一直在等待这样一个时机。

**金井**：不是的。这款车的研发事关马自达的生死，因此绝对不能出任何差错。由于计划是我制订的，所以我非常清楚现实与目标之间的差距到底有多大。当时，我还想担任这个项目的总负责人将面临巨大的困难，却没想到这个难题最终落到了我的头上。所以我才会发出"这是我职业生涯中最不走运的一次经历"的感慨。由于此次任命是始料未及的，因此面对现实与目标之间的鸿沟，起初我也产生了不小的畏难情绪。

**我**：如果是您为报德国车那一箭之仇而主动请缨的话，那么这个故事将十分完美。

**金井：** 我当时的内心里只有一个想法，那就是我将按照自己向他人提出的严苛要求那样要求自己，最终战胜困难，达成目标。不过话说回来，作为公司的一分子，既然公司的任命下来了，容不得我愿意或不愿意。

**我：** 那么，金井先生，请问您是如何逾越现实与目标之间的那道鸿沟的呢？

**金井：** 我所做的第一件事就是向所有相关负责人说明理想与现实之间的差距有多大、现状有多惨。

## "一款好车，却面临困境"

**我：** 原来如此。您是怎么和大家说的呢？

**金井：** 我本来就是性情中人，因此在这件事情上就更加严肃了。我郑重地、如实地告诉大家我们面临着怎样的难题，并直截了当地说明了我们目前要做的是什么、现状如何、成本如何、资金不到位一切免谈。

**我：** 您这样说会惹怒领导吧，您不害怕吗？

**金井：** 我所要做的只有两件事，其一是一五一十地、毫无保留地告知大家现状，其二是与我的顶头上司及各个部门的领导做好沟通和协商。如果说有什么诀窍的话，那就是我每次在讲话最后都会加上这样一句话："设计已经进行到这一步了，这款车外形非常帅气，客户调查结果显示好评度相当高。因此，无论如何请大家一定努力让这款车面世。问题在于成本，这款车的成本控制还有很大差距。"

**我**：原来如此。您是想让大家看到汽车设计图有多么酷，以此激励大家的工作热情吧？

**金井**：说实话也是辛苦他们，不过在辛苦他们之前，我首先向他们展示了工作的现状，让他们看到希望（笑）。各部门负责人都感受到了这款车肩负着力挽狂澜的使命，于是都很积极，有的人立刻开始积极地动员员工献计献策，有的人则开始联络供应商。

**我**：也就是说，您调动起了可能调动起来的一切部门和人员。

**金井**：是的。关键是要做到真诚地、毫无保留地告知大家现状是怎样的。

**我**：这听起来好像是 Eunos 800 的工作方法和氛围的升级版。不过，Eunos 800 只需要解决发动机舱空间不足的问题，而这次则涉及整个汽车的研发问题。您在研发第一代阿特兹时遇到的最大难题是什么？

**金井**：应该是成本问题吧。

## 粗枝大叶的马自达，咄咄逼人的福特

**我**：超出预算最多的是哪一部分？

**金井**：全部。

**我**：啊，是吗？

**金井**：到处都存在着很大的资金缺口。

**我**：我知道了，是因为母公司福特对成本要求得特别严格吧。我记得当时马自达公司有人曾写过一篇专栏,感觉很像是金井先生写的。其中就提到过福特派来的某位董事在成本问题上要求相当严苛。

**金井**：确实是没少受教（苦笑）。

**我**：除了成本以外,您感觉福特在其他方面的"指导"合理吗？

**金井**：也不能说没有合理性。

**我**：也不能说没有（笑）?

**金井**：应该说在研发方面的指导基本是不合理的。不过,我们在研发流程中处理成本和投资金额问题时是比较粗放的,而福特则要求我们务必制订一个用来约束成本与投资金额的详细规范。这一点是我们始料未及的。

**我**：原来如此。马自达在推动五大销售渠道时好像也制订过类似的规范,但由于在那之前马自达一直强调个性优先,只要生产出来的汽车冠压群芳、销量火爆,便不惜成本,所以规范基本形同虚设。

**金井**：我认为是福特促使马自达在研发成本与资金投入方面变得更加严谨了。一直以来,我们认为即使预算超了一点也无关紧要,但福特在这方面则要求非常严格,他们对每辆车的每个部件的成本都控制得分毫不差。

除了计算成本以外,福特派来的人,特别是财务方面的人会事无巨细地盘问一辆车的哪些要素可能产生利润。他们会对某个零部件成本过高的原因刨根问底。他们还会不厌其烦地对供货商货比三家,一旦有不满意之处会毫不客气地指出,根本不会顾及面子。

**我**：如此说来，在归入福特旗下之后，马自达也曾引入过福特供货商认定制度"FSS"对吧？

**金井**：这一制度与日产汽车公司首席执行官（CEO）卡洛斯·戈恩推行的那一套比较相似。这一制度一经引入便引起马自达公司内外一片怨言，福特公司的人于2005年离开采购部门后，这个制度很快就被废止了。

**我**：据说福特还让大家做出翔实的数据来解释零部件的定价理由。

**金井**：福特公司派来的董事在会上质问研发总负责人零部件供应商的利润空间是多少，并要求说出具体依据。对此，马自达的研发总负责人并不十分了解，因此便无言以对。于是，福特的人便质疑研发总负责人为何连这个都不清楚。可能他们觉得马自达的员工干活太不细致了吧。

**我**：尽管如此，以您今天经营管理者的立场来看，是否能理解他们当时的做法呢？

**金井**：怎么说呢。我对董事们一起查看堆满数字的账本这件事是不以为然的。我至今仍然认为作为经营管理者，能做的事情还有很多，而不是只盯着账本不放。尽管如此，不可否认的是，马自达在纳入福特旗下之前的做法的确过于粗线条了。

虽然导入福特系统并没有让一切都变得井然有序，但在如此严格的管理制度的约束下，马自达策划及研发再也无法像之前那样随意了。如果提出的方案没有十足的把握，那是根本不可能获得通过的（笑）。

**我**：如果一个人不断被要求用数据说话、被要求做出逻辑性说明的话,那么整个人也会变得富有条理性了。

**金井**：福特不管做什么事情都要求合乎逻辑,这对于一向浮躁的马自达来说是一件好事。福特非常注重数据与逻辑性。

**我**：原来如此。我从未在过度注重逻辑与数据的、高度合理化的企业工作过,因此想请教一个问题。只要保证逻辑性与数据可信度,就可以在上司面前尽情地发言或提出方案吗?

**金井**：这取决于上司是什么样的人。不同的人差异还是很大的。

**我**：嗯,相较企业文化,更多的还是取决于个人。也就是说,最高决策者的性格会影响决策的制定。

**金井**：影响太大了,我对这一点深有体会。

## 成本与性能的权衡

**我**：咱们言归正传,继续刚才的话题。请问金井先生,面对福特如此严苛的要求,您最终是怎么解决阿特兹成本问题的?

**金井**：按照一般的做法,的确需要在成本与性能两者间做出取舍。不过,努力让两者都达到最优化是技术人员需要完成的工作。一般来说,包括技术性工作在内的所有工作都具有相悖的两面性,即二律背反现象,例如控制成本就很难保证性能。技术人员的工作同样如此,他们在逐一解决问题的过程中,还要极力避免偏离目标。

**我**：等等，让两者都达到最优化是指同时做到提高性能和降低成本吗？为什么不寻找一个平衡点解决二律背反问题呢？

**金井**：二律背反的确为探索创新性观点提供了契机。但是，如果不清楚解决问题的最终目的，只是将目光局限于眼前出现的问题，为寻找毫无附加价值的平衡点而疲于奔命的话，反而会错过一次性解决两个课题的良机。

我们研发这款汽车到底是为了什么？难道不是为了展现重获新生后的马自达的气魄吗？想不到这一点的话就难以突破二律背反。

**我**：所以要有远大的志向。

**金井**：那个时候，这款车还未命名为阿特兹，我于2000年拟定了有关新车研发的"志向语"。彼时"Zoom-Zoom"这个说法还未出现。因此，"志向语"的第一行写的是"完美体现新的品牌战略"，第二行写的是"努力成为中型轿车的全球新标杆"。

**我**：成为全球新标杆意味着全世界的汽车制造商在生产中型轿车时都要以阿特兹为基准。换言之，这等于宣布马自达制造的汽车是世界第一，阿特兹将成为全球关注的焦点。

**金井**："世界第一"这个说法有点太不含蓄了，因此未得到采用。但是，我们提出的是"要做全球标准"，而不是"以全球标准为目标"，其中多多少少也体现了我们的雄心吧。

**我**：然而，世界第一指的是什么？虽然这的确是令人难以抗拒的一个目标，但却会让人觉得空洞、缺乏具体指向。

**金井**：是指标准啊。我们到底凭什么让阿特兹成为世界第一?当然,也有不计成本,只追求性能世界第一的极端选项。然而,我们的世界第一是把成本也考虑在内的。同等成本条件下性能达到最好就可以成为世界第一,而同等性能条件下成本达到最低也可以成为世界第一。各位技术负责人就"世界第一"提出各种方案,从中提炼出标准的具体内涵。

**我**:也就是说,马自达是以具体的形式和条件为前提而提出的世界第一。

**金井**:是的。而且,只要技术人员潜心研究、学习标准,不断下功夫钻研,那么"世界第一"绝非痴人说梦。为此,我们给"志向"这一主题添加了副标题:保证一流、争取超一流!

**我**:保证一流、争取超一流。我还是第一次听到有人提出这样的目标。

**金井**:超一流指的就是世界第一,只要持之以恒、不断积累,就一定能做到。其实,这句话是模仿了曾获得悉尼奥运会女子柔道比赛冠军的田村亮子所说的一句名言,即"最高目标是金牌,最低也是金牌"。

> **金井先生拟定的"志向语"**
> ● 完美体现新的品牌战略。
> ● Atenza将成为中型轿车的全球新标杆。
> ● 在所有方面都要做到最好,而不是更好。
> ● "保证一流、争取超一流"
> ● 从研发、制造到销售、售后,从购买、持有、到驾驶,每一个环节都让人们感到骄傲与自豪。

**我**：给人一种傲视群雄的感觉，相当霸气。您提出的"志向"对阿特兹的研发产生了重大意义吧？

**金井**：我觉得是有意义的。不过，相较之下，还有更有意义的事情，就是阿特兹的上市。由于马自达在继 Tribute 之后的很长一段时间内没有打造出令人瞩目的车型，因此阿特兹便显得更加有意义。在这种情况下，大家全身心地投入到了新生马自达即将推出的第一款车的研发中。我认为在这个节点研发阿特兹是马自达最大的幸运。

由于研发工作是在我此前所修订的 MPDS 流程指导下，由大家齐心协力进行的，所以尽管中途并非一帆风顺，但我们仍然做到了严格遵守研发日程。只不过公司方面曾提出希望我们能提前半年完成。

**我**：从经营者的立场来讲，肯定希望能提前的吧。

**金井**：我非常理解他们当时的心情，毕竟已经连续 18 个月没有推出新车型了。尽管如此，我还是拒绝了公司的要求。我告诉他们，我们是胸怀"阿特兹将成为中型轿车的全球新标杆"这一志向在进行研发的，无论如何请耐心等待。

**我**：听您这么说，我仿佛听到了《地上的星星》这首歌（NHK 纪录片《X 计划》的主题曲）。

## 阿特兹也曾多次出现返工问题

**金井**：说到这里，我内心不禁有些激动。那我就乘兴再吐露一点知心话吧。事实上阿特兹曾被吐槽过"设更次数太

多了！"

**我**："设更"？

**金井**：就是设计变更。

**我**：那这岂不是和您提倡的"PD管理法"相悖了吗？

**金井**：是的。在研发阿特兹之时，评估设计是否可行、能否达到预期性能这一技术水平还不像现在这么高。也就是说，当时如果不先生产出样车，就无法判断设计是否可行，即使有问题，也发现不了。因此，这便导致不得不多次进行设计变更。另一方面，虽然我们立志要做到世界第一，但是高标准也意味着我们接下来要面临诸多挑战，且挑战往往也伴随着失败。

**我**：这个问题通过MDI模拟试验技术就可以解决吧？模拟技术的落后在研发阿特兹时暴露无遗。

**金井**：是啊。由此我再次深切体会到实现MDI模拟试验技术已刻不容缓。

**我**：可否请您举例说一下后期出现了什么问题导致不得不对设计进行变更？

**金井**：比如，在研发收尾阶段，由于后轮悬架在回弹时总是无法做到干脆利落，于是我们不得不反复调整。之所以会出现这个问题，是由于我起初对部件尺寸要求太严苛了。

## 令人难以置信的设计变更

**我**：对部件尺寸要求太严苛了？具体是怎么回事呢？

**金井**：底盘研发团队为了增强悬架装置的刚性，曾提出要安装角支撑（一种辅助性装置），但这个方案会导致汽车行李舱空间大幅缩小。为了解决这个问题，研发团队最终决定将角支撑削掉一部分。结果我让他们削得太多了，后期这个问题一直得不到彻底解决，导致悬架刚性不足，始终无法达到满意的驾驶效果。

**我**：金井先生，您可是底盘专家啊，怎么会出现这种低级错误呢？

**金井**：别提了，这完全是我的判断失误造成的。大约在投入批量生产半年之前，我们不得不做了大量的工作来对后轮悬架装置的设计进行调整。

**我**：在投入批量生产半年前这个节点，工厂的生产线也都准备得差不多了吧？

**金井**：是的。到了这个节点再对设计进行调整几乎是不可能的了。在这种情况下，底盘设计团队、试验团队以及供货商全力以赴，做出了巨大的努力。在决定对设计进行调整之后，试验团队立刻开始手工制作替换部件的模型，并多次进行修改。最终，经多方努力，只用了几天就制造出了可以量产的部件实物。从福特公司来的研发领导默滕斯（时任马自达常务）看到实物后直呼"太令人难以置信了！"

**我**：令人难以置信，是由于 MDI 技术实现了设计图的 3D 化，从而成就了这个"难以置信"吗？

**金井**：不是的。

**我**：跟这个没什么关系吗（笑）？

**金井**：确实没有关系。当时连画设计图的时间都没有，我

们直接将纸制的部件模型交给了供货商,并口头告诉他们每个部位具体怎么调整。供货商接到任务后,连夜加班赶制出了部件实物。一经测试,驾驶效果非常完美。当时,我一直担心如果短时间内做不出合适的部件,那么汽车量产就不得不推迟,然而他们却做到了!在大家的共同努力下,最终研发如期完成。

**我**:这话听着让人冷汗直流。

## 金井先生,剩下的就交给我吧

**金井**:阿特兹的研发可以说一方面是技术研发的奋斗史,另一方面也是一个艰难筹措资金的过程。在整个过程中,我们受到了经营管理层,特别是福特派来的董事无数次的斥责。其间发生过太多的事情,为了努力争取到超出预算的那部分资金,我们付出了长期的艰辛努力。尽管如此,我们仍然没有百分之百地争取到目标金额。

**我**:嗯,我可以想象到福特派来的董事的言辞有多严厉。

第一代 Atenza(2002—2008 年)

**金井：**最初距离目标金额有这么大的差距（张开两手），经过努力后差距缩小到了这些（将双手移到胸前）。就在我们解决后轮悬架问题后，一件令人难以置信的事情发生了。那位默滕斯常务竟主动提出"剩下的资金由我来解决！"

**我：**啊？！

**金井：**他告诉我"您只管专心研发出精品即可，别的不用考虑"。他的这番话真的让我感激涕零。

**我：**真让人感动啊，默滕斯先生真是个好人。

**金井：**是啊，确实是个好人。在当时那种情况下，他的鼎力相助特别难能可贵。我们这些人是在马自达重视个性的理念下成长起来的，成本意识比较淡薄，是福特教会了我们要具备严格的成本意识。话虽如此，但这并不意味着全体福特人个个都只会精打细算，默滕斯先生就是一个例外，他在我心目中是汽车研发首席专家的不二人选。

**我：**是吗？

**金井：**默滕斯先生酷爱汽车，驾驶技能高超，对后轮悬架也颇有见地。我非常喜欢和他一起共事。

## 马自达公司的福特人

此时掌管福特汽车一切研发事宜的是理查德·帕里·琼斯。金井先生认为默滕斯之所以如此优秀是因为受到了理查德·帕里·琼斯的影响。

理查德·帕里·琼斯曾研发了一款紧凑型车，即第一代福克斯（Focus），该车的问世刷新了人们对欧洲福特的印象。此前稳坐同级别车型第一把交椅的是大众公司出品的高尔夫（第四代），第一代福克斯（Focus）于1998年上市后，立刻获得了凌驾于高尔夫之上的好评，在欧洲，提到紧凑车型非福克斯（Focus）莫属。在那之后，理查德·帕里·琼斯就任福特公司副总裁，主管新车研发与设计。紧接着，理查德·帕里·琼斯造访了马自达，当时乘坐的是马自达RX-8概念车，他对那款车的驾驶体验非常满意。据说这直接促成了福特董事会对继续使用转子式发动机的认可。

此外，还有许多福特汽车人曾来过广岛。其中，自1996年开始担任产品研发本部长并兼任公司常务的马丁·里奇先生曾在12岁时获得过卡丁赛车欧洲锦标赛冠军，是一位名副其实的赛车手。马丁·里奇先生曾大力支持过前车手铃木亚久里组建的超级亚久里F1车队（Super Aguri F1），并且也参与过电动方程式赛车运动（Formula E）。于1999年就任社长的马克·菲尔兹先生也是一位有名的赛车发烧友，"Zoom-Zoom"这一概念正是经过他的首肯才得以正式确立的。

对驾驶乐趣持有独到见解，同时也颇具经营才能的福特人独具慧眼，他们很快便发现了马自达的存在价值，弥补了马自达技术上的不足，为技术研发人员提供了有力的支持。可以说，如今马自达之所以标榜"Be a driver"，正是在潜移默化中受到了他们影响的结果。

在福特人的支持下，马自达研发制造的阿特兹于2002年

5月一经发售便大受欢迎,一举刷新了此前人们对马自达汽车的印象。继第二代阿特兹上市后,该款车截至2008年的全球累计销量突破132万辆。阿特兹曾斩获包括"RJC年度车型"在内的134项国内外大奖。至此,马自达终于重获新生。

图为第一代Atenza(五门掀背式)的行李舱。白色圆圈部分是由于安装角支撑而导致凸出的部分。如图所示,如果把后座放倒,这个地方看起来可能会有点明显。金井先生追求行李舱每一面都平整顺滑、完美无缺,然而后期却发生了令人难以置信的设计变更,从而导致行李舱没有完全达到预期效果。据说金井先生曾在新车前驻足良久,至今仍对这一凸出部分耿耿于怀。

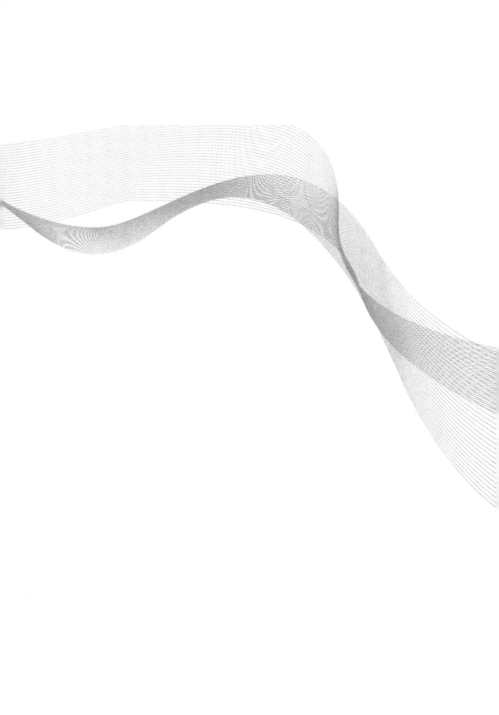

第六章

寄人篱下，马自达
看不到未来

### 虽然看似一帆风顺,然而马自达的明天到底在何方

随着阿特兹的成功问世,马自达终于摆脱了困境,公司业绩也迅速恢复。然而与此同时,消费者对汽车安全对策与环保标准要求越来越高,国际竞争日益激烈,汽车企业的生存环境变得愈发严峻。而此时的马自达尚未制订一个长期战略来应对这些外部不利因素。在福特的架构下,阿特兹虽然取得成功,却无法横向展开(丰田经营策略之一,将一个工厂成功的方法推广到其他工厂,从而对公司进行整体革新的方法)。福特与马自达选择的道路渐行渐远。

**我:** 阿特兹的成功极大地提升了马自达的业绩。2006年3月,马自达公司的利润达1234亿日元,创历史新高。金井先生于2003年担任执行董事;2004年担任常务,兼任车辆开发及管理主管,次年又主管研发。可以说,这一时期无论对金井先生个人还是对马自达公司而言,一切都非常顺利。

**金井:** 外界认为马自达已重获新生,且"Zoom-Zoom"战略深入人心，公司业绩也在快速恢复，一切似乎都在朝着好的方向发展。然而，此时我的内心却充满了焦虑。

**我**：为什么呢？

**金井**：首先，马自达起初对通过 MDI 缩短研发周期是抱以厚望的，然而这一计划进展得并不顺利。此外，有关降低成本的努力也并未取得预期的成效。

外部原因有两个，其一为汽车厂商之间竞争激化，其二为全世界的汽车产业对汽车安全及环保标准的要求越发苛刻。一辆汽车的研发一般需要 3 年左右的时间，在这期间为了应对日益严苛的外部环境，即使在最终出图（量产用设计图）之后也可能迫不得已而变更设计。一旦发生这种情况，即使利用高效的 MDI 技术也来不及，由此造成大量的返工和成本的浪费。

**我**：原来如此。

**金井**：更为重要的一个原因是欧洲环保标准的提出。2005 年京都议定书正式生效，欧盟一致通过到 2012 年所有汽车公司的全部乘用车平均二氧化碳排放量要控制在每千米 120 克以下（最终为 130 克以下）。

**我**：当时各个汽车公司的二氧化碳排放量平均值大概是多少？

**金井**：资料显示，2005 年，奥迪为 177 克，梅赛德斯 - 奔驰为 185 克，宝马为 192 克，马自达为 177 克，数值差别不大。由于马自达公司的高级车阿特兹销量火爆，因此马自达的数值是比较高的，在日本汽车制造商中排名比较靠后。然而，就连当时最新型的混合动力车（HV）也超过了 100 克。欧盟这一标准定得太苛刻了。

**我**：作为欧洲市场主力的马自达高级车，阿特兹首当其冲。

## 7年后，马自达痛失最大市场

**金井**：这个时期，马自达的出口比例超过70%，其中最大的市场同时也是最大的收益来源就在欧洲。这一环保标准的提出极有可能导致汽车无法再出口到欧洲。然而，在该标准提出之前的7年间，马自达一直主攻欧洲市场。马自达该如何做才能达到这一标准，继而在激烈的竞争中存活下去？是生产混合动力汽车还是电动车？抑或生产氢燃料电池车？

**我**：提到氢能，我记得马自达曾经有一款氢能转子式发动机对吧？

**金井**：的确有过。在了解到转子式发动机可以通过氢能来运转之后，马自达进行了各种尝试来生产氢能发动机。然而，在氢能燃料相关基础设施尚不存在的情况下，即便马自达率先研发出了氢能发动机也无人问津，因此果断放弃了研发。

**我**：好不容易探索到一条转子式发动机复活之路，最后却不了了之，好可惜。

**金井**：大概在2007年左右，马自达曾协助挪威开展氢能源国家计划。首先从奥斯陆到斯塔万格，即环绕挪威南海岸半周的高速公路上配置加氢站。挪威方面提出想要做实证试验，希望我们能研发出氢能汽车。然而，在计划实施了近两年之后，氢能时代依然没有任何要到来的迹象。

当时媒体曾大力宣传氢能时代即将到来，氢能就是王牌。天真的我们对此信以为真，并付诸实践。通过这件事我再次明白，与其轻信舆论，不如相信自己的判断（笑）。

**我**：当时您作为常务，主管研发事宜，那么您对公司的研发现状，包括氢能在内，应该是十分了解的吧？

**金井**：是的。我曾私下一一问过大家对现状的看法，以及如何应对2012年二氧化碳排放量硬指标。大家都比较迷茫，显然并未做好任何准备来应对危机。

## 畅谈理想

**金井**：公司早早地开始采取措施来应对欧洲环保标准。非常幸运的是，那会儿经营环境相对比较宽松。我认为接下来该考虑公司的长期战略了。我的这一想法与公司的经营企划负责人不谋而合。2005年7月，项目组成立。项目组根据不同领域、不同地区制定了12项"Cross Functiongal Team（CFT）"，我担任CFT6研发小组的负责人。

**我**：CFT是金井先生为了解决马自达所面临的困境而设立的吗？

**金井**：不是。这个时期制定长期战略的目的是通过销量与收益率等具体数据来描绘十年后的马自达发展蓝图。但是，我们决定把这项工作交由其他人来做，我们接下来要做的是在产品与技术的世界里描绘2015年马自达的发展远景。

CFT6小组成员包括经营企划、产品战略、技术研究、技

术策划等各部门的代表。他们在研究欧洲环保标准对策的同时，也在思考马自达到2015年之际将实现怎样的品牌定位。

**我**：竟然不是思考要制造什么样的汽车？！

**金井**：不是。是从研发角度去审视马自达目前已经研发了哪些产品，接下来的目标是想成为什么样的公司。举例而言，我希望2015年的马自达成为一个在"Zoom-Zoom"战略上无出其右者、能够带给人足够期待的汽车厂商。也希望那时的马自达成为一个在环保和安全性上居于世界一流水平的汽车厂商。

**我**：研发小组考虑得好长远啊。

**金井**：研发人员面对"十年之后"这样的设想时，比较擅长制订相对具体的日程计划。具体举例来说，如果确定了2015年的目标，那么届时就需要制造出与该目标相匹配的汽车并且获得消费者的认可。因此，最迟第二年就应当开始制订具体的研发计划，否则可能就来不及了。

## 让某些公司知道马自达的厉害

**我**：研发人员之所以擅长制订日程计划，是由于他们的工作专长就是把理想变成现实吧。那么，可否请您再具体地介绍一下研发小组所讨论的"2015年之理想"？

**金井**：那是许多年前的事了。当时大家提到，要让德国某一流汽车公司意识到，在远东有一家公司规模虽不大但绝对不可小觑；还提到要让销量居全球第一的某公司承认其在驾驶乐趣方面根本比不上马自达。

**我**：前者应该是位于德国巴伐利亚州的那家公司吧。后者是日本规模最大的那家汽车公司，总部设在爱知县。

**金井**：请您自由发挥想象（笑）。如此一来，目标就变得很明确了。那就是马自达制造的全部车型都要成为全球标准，要做世界第一。为了实现这一目标，让上面提到的两家公司刮目相看，马自达制造的必须为精品中的精品，必须是世界第一。

**我**：之前您提出要让阿特兹成为中型轿车的全球标准，这次又提出马自达制造的全部车型都要成为全球标准，为什么突然提出这么大的目标呢？

**金井**：世界第一的汽车有大型车和小型车之分，车型也从轿车到 SUV 不一而足。如果不论大小和车型，在所有的领域都想做世界第一的话，是需要耗费大量资源的，而马自达并没有足够多的资源来实现这个目标。过去马自达曾因与丰田和日产竞争而消耗了大量元气，如今绝对不能重蹈覆辙。

**我**：集中有限的资源，并高效地加以利用，这是金井先生在实践中总结出的一个生存之道。

**金井**：是的。鉴于此，必须由公司经营管理层出面制订一个具体框架，明确我们努力的方向，规定十年后我们将生产多大尺寸的、什么类型的车。

**我**：如今您作为经营管理层的一员，实现了您过去在生产一线时曾迫切希望实现的事情。请您谈一谈这个框架具体包括什么。

**金井**：框架规定的内容之一应是汽车所用发动机的尺寸，明确最大和最小尺寸具体是多少。内容之二应是明确生产什

么样的车型。具体而言，我们要生产轿车，同时也不能放弃SUV，但考虑到十年后商务车可能不再是我们的主要业务之一，因此便把商务车型从核心车型中剔除。此外，如果我们要生产车身高的车型，那么小型客车也就不在我们的考虑范围之内了。

也许与最终结论略有出入，但当时确定的最小发动机排量为 1 升，最大为 3.7 升 V6 发动机。由此得以确定的是，到 2015 年，马自达将只发售上述框架规定条件下生产的汽车。确定好具体框架后，接下来一切将从头开始，不必考虑在新框架条件下原有零部件的使用问题和生产设备的限制等问题，只管尽情地追求理想就好。

## 绝不能放弃轿车

**我**：马自达后来打算退出小型货车市场，而此时的具体情况是怎样的呢？

**金井**：我认为 2005 年时的马自达暂未考虑退出小型货车市场。

**我**：据我了解，当时轿车市场已开始呈现缩小之势，这一趋势至今仍然在持续着。尽管如此，马自达为何仍然将轿车的研发纳入到未来重点发展框架之中？

**金井**：原因之一在于轿车最能呈现汽车品质，特别是轿车最能体现出汽车运动性能的优劣，而非小型货车。这也是为什么有一定地位且追求驾驶乐趣的汽车公司在研发车型中必定保留轿车的原因。

**我**：我想这样的公司应该有梅赛德斯-奔驰、宝马、奥迪以及雷克萨斯吧？是否可以理解为马自达从此时起已经意识到要在业内树立像德国"三巨头"汽车公司那样卓越的品牌形象了呢？

**金井**：虽然还不是十分明朗，但是已经开始有这个意识了。我们希望马自达汽车即便定价略高，也依然能够凭借卓越的驾驶性能在业界赢得立足之地。我的这份初心至今仍未改变。

**我**：原来如此。

**金井**：接下来就是如何将理想变成现实，也就是说，马自达汽车如何在各级别排量与各种车型中做到世界第一。在这之前，马自达追求的是在所有类型与所有车型中都做到世界第一。然而，这一路线是行不通的。必须转换思想，首先全力以赴地研发今后5到10年内能够帮助马自达实现世界第一目标的新技术，并将新技术广泛应用到各个车型中。这才是资源本就匮乏的马自达应该采取的正确路线。

**我**：要想把轿车与SUV等不同车型做到世界第一，就需要的不同的技术吧？

## 先打造一辆理想的汽车蓝本，再进行个别调整

**金井**：就汽车而言，如果设定好发动机大小、车身尺寸、用途等框架的话，那么在这个框架前提下所研发的"理想的平台""理想的发动机""理想的底盘"等新技术，即使车型有所不同，也可以做到基本通用。更直白地说，就是首先研发制造

一辆理想的汽车蓝本,然后再根据排量大小、车身尺寸、车型(轿车、SUV)等进行具体调整。这样就比较好理解了吧?换言之,就是为接下来要研发的汽车提供一个统一的高标准,然后再根据排量大小、车型进行个别调整、研发。

**我**:嗯,您在采访一开始就提到的"金太郎糖"终于又在这里出现了。从小排量车型 Demio 到中型 SUV 车型 CX-5 及 CX-8,它们的外形之所以如此相似,并不仅仅是为了外观上的统一,更多是由于它们源于统一的汽车蓝本,而且内里所配备的技术也是一致的。

**金井**:没错。如此一来,在大大提高研发效率的同时,也有效降低了研发成本。而且,不急于研发某一车型,而是优先研发未来所使用的新技术,将未来技术研发与产品研发完全分离开来,这样研发日程更容易得到保证。此外,还可以采取相应措施来应对日益严苛的汽车安全与环保要求。

**我**:金井先生此前曾试图将商品研发与前期技术研发严格区分开来,但是效果不尽人意。而这次也想趁机将这两者完全分离开,对吧?

**金井**:是的。为了到 2015 年研发出理想中的汽车,就必须另外建立一支团队来负责未来技术研发的相关事宜。

**我**:可是,如果将产品研发人员与未来技术研发人员区分开的话,人手就不够了吧?

**金井**:是的。人才的引进并不是那么容易的事情。而且,如果资源都到了未来技术研发那边的话,产品研发现场势必会捉襟见肘。

**我**：那遇到这种情况该怎么办呢?

**金井**：我们寄希望于通过 MDI 技术大大缩短产品研发周期，节约资源。一旦产品研发与未来技术研发这两者之间发生冲突，那么我们宁愿放缓产品研发步伐，将人员和时间分配给未来技术研发组。之所以这样做，是因为，如果因资源不足导致未来技术研发进程缓慢，则必然会耽误产品研发日程。

当然，这么做肯定会对产品研发组造成很大的影响。然而，如果理想的汽车蓝本研发顺利的话，之后只要对其进行微调就可以研发出多种车型。与逐一研发各个车型相比，这种做法省时又省力，可以很好地平衡产品研发与未来技术研发之间的关系，同时还可以大幅降低成本。

**我**：嗯，反过来说，马自达并不具备逐一研发全部车型，并做到世界第一的能力。因此，首先竭尽全力研发理想的汽车蓝本，然后再根据不同车型进行个别研发，且个别研发可以通过模拟试验技术来进行，这种做法极大地提高了效率，节约了成本。

## 理想的车型蓝本真的不存在吗?

**我**：但是，在理想车型蓝本基础上根据不同车型进行个别研发这一做法是否太过于理想化了?

**金井**：你的担心不无道理。事实上，包括福特在内，业界人士在听闻这一做法时的第一反应几乎都是"这根本不可能实现"，甚至连马自达公司内部也有人这样认为（笑）。

逆转经营：
马自达的自救突围之路

**我**：此前在谈到阿特兹的具体研发事宜之时，我曾和您说过，性能与成本就像鱼与熊掌一样不可兼得。一心不能二用，否则会竹篮打水一场空。

**金井**：如果不认真思考，的确会出现这种结果。那些条件反射般地认为"不行""不可能"的人从未认真地思考过。

**我**：此前，金井先生虽身处福特公司的管理之下，却做到了兼顾成本与性能，成功研发出了阿特兹，取得了骄人的成绩。因此，如果金井先生提出今后按照阿特兹的研发思路，举全公司之力去研发汽车的话，想必会得到支持吧？

**金井**：实际上，阿特兹的研发企划雏形在马自达纳入福特旗下之前就已经存在了。正因如此，我们才做到了按照自己的意愿推动研发。而其他同期研发的马自达车型则格外注重节约成本。同时，迫于来自福特集团内部的压力，这些车型不得不使用了相同的零部件。

**我**：您指的是在马克·菲尔兹社长的带领下研发的那一系列车型吧。其中包括2002年发售的第二代Demio，以及2003年上市的第一代Axela。从时间上来看，这些车型与金井先生负责研发的阿特兹属于同一时期的车型，它们的研发过程是完全不同的吗？

**金井**：举个例子来说，第一代Axela非常注重与福特集团的沃尔沃（Volvo）及欧洲福特的零部件通用化。而第二代Demio则使用了与福特Fiesta相同的零部件。

**我**：马自达的技术研发人员对于这一做法应该感到很不满吧？他们一定也想按照自己的意愿去研发汽车。对于福特的指示，他们应该也有诸多不敢苟同之处吧？

**金井**：这就不得而知了（笑）。

**我**：众所周知，福特非常注重节约研发成本，而其降低成本的方式就是零部件的通用化。关于这一做法，金井先生与福特又有过怎样的交涉呢？

**金井**：大概在2005年的时候，我与时任福特研发总负责人的理查德·帕里·琼斯先生曾围绕"多样性还是共通性"这一问题展开过多次讨论。

**我**：多样性意味着性能的提高，而共通性则可大幅降低成本。

**金井**：我们二人的讨论主要围绕计划于2007年上市的第三代Demio而展开。当时有这么一项决定，就是福特、马自达及

第一代Axela（2003—2009年）

第二代Demio（2002—2007年）

第三代Demio（2007—2014年）

同属福特集团的沃尔沃（Volvo）和捷豹（Jaguar）共同承担不同尺寸车型的世界通用平台研发任务。平台按车型从小到大分为 B 级别（Demio）、C 级别（Axela）及 CD 级别（Atenza）。每个级别具体由哪一家公司主导研发也都分配好了。然而，由于这三个级别的研发负责人员各不相同，因此导致马自达研发的各级别汽车差异较大，没有统一性可言。我个人认为，这种做法是非常奇怪的。

**我**：请您具体谈一谈。

## 向规模效益信条发起挑战

**金井**：首先，平台的世界通用化势必削弱产品竞争力，根本无法实现"世界第一"。其次，按照福特的这一做法，B 级别、C 级别及 CD 级别将分别由不同的研发人员负责研发。由于研发理念不尽相同，即使每个级别做到了世界通用，但对于马自达而言，各级别车型之间的共通性则微乎其微。具体举例来说，由于 Axela、Demio、Atenza 是分别基于不同理念而研发的，所以这几款车迥然不同。这非常不利于马自达品牌形象的树立。

不管怎么说，既然是世界通用，我想至少零部件的成本会低一些吧。然而事实并非如此。尽管福特一次批量生产许多零部件，但这些零部件得漂洋过海才能运到马自达。而且，还要在研发过程中根据市场需求随时对这些零部件进行调整，由此也会产生新的研发费用。我认为，在福特旗下受益最大的公司应该是沃尔沃吧。沃尔沃位于欧洲，距离欧洲福特和零部件生产基地比较近,极大地节约了运输等各项成本。

**我:** 原来如此。

**金井:** 福特信奉规模效益,并为此不断地推行零部件的通用化,尽最大可能让全球旗下各公司都生产相同的产品。对此,我们表示了强烈的反对并与福特进行过多次谈判。

**我:** 具体是怎么做的呢?

## 对了,不妨看看丰田公司是怎么做的吧

**金井:** 首先我向他们提到了汽车市场竞争力与成本的评价坐标图。想要提高竞争力,就必须研发独特的、最适合的零部件及系统。当然了,若从成本效果角度考虑的话,连续生产同一种车型无疑是最节约成本的做法。而我们的想法是,既要提高竞争力又要兼顾成本,这听起来确实是一个二律背反问题。同时,我们还指出福特是否太过于强调成本了。对此,福特当然是很不服气的。

**我:** 这的确是一个二律背反问题,而且,这次不再限于某一车型,而是上升到了公司层面。

**金井:** 在这种拉锯式的谈判过程中,有人提到丰田做得比马自达要好,不妨先看看丰田具体是怎么做的。

**我:** 说这话的是时任福特研发总负责人理查德·帕里·琼斯先生对吧?

**金井:** 与其说丰田做得好,不如说丰田比马自达、福特都要更灵活一点。在我们还在争论个性和量产孰好孰坏的时

候,丰田可能已经找到其他切入点了。福特想要实现通用化,而马自达认为必须保证多样性,于是"怎样取得平衡"便成了关键。

**我:** 是否就是要在保证不过于损害竞争力的前提下,实现一定的规模效益?

**金井:** 不,你说的这种想法没有任何附加价值。答案应该是,"可以享受规模效益的少量生产"和"具备多样性且削减成本规模可媲美大量生产"的"多品种变量生产"方式。

**我:** 多品种、变量生产?

**金井:** 比如,虽然平台是通用的,但通过巧思可以实现多样性,或者虽然各种零件是不同的,但生产效率却可以媲美通用结构平台。必须要让多样性和规模效益并存。

**我:** 原来如此……从理论上来说似乎是行得通的?

**金井:** 我当时也仔细研究了丰田的做法,以求找到一些灵感。然后我就发现,比如丰田产的汽车,无论是大型车还是小型车,都具有相似的外观布局(主要零部件的布置方式),虽然不知道他们是有意识还是无意识这样做的。发动机舱也是,不论尺寸多大,不论是大发动机还是小发动机,布局都是差不多的,这里放空滤,这里放发动机,这里放变速器,这里的线路是这样走的,这里是蓄电池……当然,也不是完全一模一样。相较之下,我们的发动机舱、发动机就是各不相同了,比如有的蓄电池在前,有的蓄电池在后。

**我:** 啊,这就是"没有从公司整体考量进行开发"的证据吧。

**金井**：比如我们的排气管结构也完全不一样。于是我们就"学习丰田的这一点，是不是就能在保持多样性的同时不增加成本"这个议题和福特进行了讨论。如果直说"以马自达的生产方式，就算增加少许种类，效率也会比福特……"这样的话，福特肯定不会高兴听，但可以更委婉一点，强调马自达能够以巧思实现不必花费过高成本的多品种少量生产，在这方面小体量的马自达可以比福特更加灵活……

**我**：您是这么和帕里先生说的吗？

**金井**：他也算是认同吧。多品种生产，却不会花费太高的成本，这种轻便型的生产方式，马自达要比福特优势更大。但是在他的认知中，年产5万辆和年产100万辆，肯定是认为年产100万辆更能削减成本。事实上，在市场和工厂距离比较近的欧洲而言，这个观点是基本成立的。

**我**：他们也有他们的成功经验。

**金井**：但是，马自达并不是把一个方案、一种商品大规模复制生产就能成功的公司。比如说，如果到2015年我们公司的规模能扩大5倍或者10倍，那就另当别论，但不可能。所以马自达想要成为"世界第一"，想要生存下去，就必须实现生产效率媲美少品种大规模生产的多品种生产，必须要开发出这种技术。马自达也正是在和福特对话的过程中明确了自己的定位。

**我**：原来如此。

**金井**：你可能也知道，年产20万辆基本上是衡量汽车工厂生产能力的一个标准。一个车型年产20万辆，生产效率是最高的，但这种车基本不存在。只造单一车型的话，当这款车开

始滞销,生产效率就会骤然降低。这时候如果不愿意放弃生产,库存就会堆积如山,只能降价销售。

**我**:这也是发生"马自达地狱"的原因之一吧。集中生产热门车型,当热度过去之后,就只能降价出售,然后二手车也跟着贬值,想折旧换新就只能卖给马自达的经销商,换新也只能买得起马自达的车。

## 打头阵的动力系统生产部门

**金井**:所以,我们在仔细思考之后发现,马自达并没有什么车型畅销到可以在一个工厂满载运转只生产那一款车。马自达一直以来就比较擅长混流生产(在一条生产线上生产不同车型)。不过,这种混流生产限制也比较多,不是所有车型都能混流生产的。如果想要生产超出范围的其他车型,就必须花费大量成本和时间改造生产线。

但是,当时动力系统生产部门却在尝试改善混流生产,以期实现"弹性生产"。他们要在一条生产线上加工组装型式完全不同的直列4缸和V型6缸发动机,世界上没有任何一家厂商尝试过这样的做法。当时我就觉得,"好厉害,能不能把这种做法推广到其他方面呢?"

**我**:发动机能这样,是不是就意味着其他零件也能这样呢?

**金井**:一般每款车型差异都很大,是无法这样做的。但这次我们决定不再按车型分别进行开发,而是在确定理想目标后再开展研发，所以每款车型都具备相似性。也就是说，即使车型不同，组装方式顺序也能做到差不多。开发和生产两方从一开始就携手合作，"弹性生产"的范围应该就能从发动机进一步扩大到其他方面。大家的思路就是这样一步步打开的。

**我**：福特、丰田的做法以及发动机的生产方法也成为"创新制造"的源头。那围绕开发第三代 Demio 的讨论是否得到什么成果呢？

**金井**：不，虽然我们进行了讨论，但没有得到什么深层次的一致意见。要说的话，讨论最后就是停在了"开发的工作量应该由谁负担"上。福特比较喜欢从工作量上衡量开发工作，比如他们会说"澳大利亚福特有 900 个技术人员还闲着呢，给他们也安排点工作"之类的话。总之就是，他们不想让工厂有闲人。

**我**：嗯，不过道理还是非常简单易懂的。反正福特的想法就是"把成本放在第一位，为此要实现通用化"。

## 福特与马自达各有道理

**金井**：这种观念的目的就是让最终生产出来的产品足够实惠，大家都能负担得起，所以商品的目标往往是"among the leader"。做一个二流公司固然不可，但只要能进入一流公司的范畴就行了。要是同意马自达去追求什么世界第一，那马自达的技术人员岂不是马上就会想开发造价很高的汽车了吗（笑）？所以福特才会非常热衷于让马自达大量使用通用零件，以求降低成本。作为产量销量都可谓屈指可数的世界级大厂商，福特

的想法其实也是很有道理的。

**我**：也正因如此，福特才能一直强调造"世界通用"的汽车。

**金井**：但是，这是只有福特那种规模下才成立的想法。我认为，对于中等规模的马自达来说，目标中的汽车应该是"Best In Class"。最好要做超一流的，也就是世界第一的汽车；最差也要做一流的，即"among the leader"的汽车。虽然只是很偶然的，但从字面上来讲，福特的目标其实正好是马自达的底线。

福特和马自达的目标是有差距的。如果完全按照福特的战略去做，就算能取得大规模生产的利益，从马自达想成为世界第一的立场来看，还是远远不够的。虽然听起来可能不太好听，但再说得直白一点就是，马自达不想成为一个只是为福特开发技术、制造零件而存在的公司。

**我**：但我听说，当时来自福特的开发委托费用是马自达的一个重要收益源，不是吗？

**金井**：但这样就够了吗？肯定不行吧。我们要以自己的风格生存下去，就必须制造"Best In Class"的汽车。

我想很多马自达的员工应该都是这么想的。我当然也是其中一员。但是这样真的能在包含成本竞争在内的企业竞争中活下去吗？如果能生存下去，要用怎样的方法活下去？我们在"情怀和盘算"之间挣扎纠结，就像前面和您讲过的那样，经历了很多，最终得出的结论就是"创新制造"企划。

## 跨越二律背反的秘密大公开

**我**：前面您数次提到"二律背反"这个概念。确实，平常我们在工作中经常会面临难以两全的情况。

**金井**：然后经常就会选择在二者之间取一个平衡。这是没有任何附加价值的处理方式。如果是一个真正的技术人员，就不该把这种情况当作"工作"去处理。

**我**：话是这么说没错，但毕竟这种"二律背反"的情况，要实现两全是非常非常困难的事情。您能不能把我当成您的下属，教教我这种情况应该怎么说，才能激励下属去跨越难题？

**金井**：首先是之前讲过的，把一个大问题分割成几个小问题。比如说性能和成本的问题，就可以说"能不能在不增加当前成本的前提下再提高一点性能"，或者"能不能在不改变性能的前提下再降低一点成本"。

**我**：咦，好像确实只是稍微改变了一下问题，感觉就简单了一点。

**金井**：等到有想法了，就再推进一步，比如说"成本现在很不错，下面能不能再提高一点性能"。就这样不断重复这种讨论就行了。这是有点愚公移山式的改革。虽然改善的程度很小，但不断累积，100次量变总会引起一次质变。

再举一个例子吧。假如有一个人说"必须要减少商品的种类"，而另一个人认为"不再增加一点商品种类，就会丧失销售机会"。

**我**：听起来是很有可能发生的情况。

**金井**：然后,说要减少商品种类的人,想要把商品减少到 5 种,而想要增加商品种类的人,是想把商品种类增加到 20 种,那现实中最常见的结果是不是就折中成 10 种?

**我**：确实。

**金井**：但如果是这个结果,就没有任何进步。这是无视目的直接跳到取一个平均数的处理方式。

**我**：目的?目的不就是决定最后要做 5 种还是 10 种商品吗?

**金井**：你回想一下 GVE 的那张图。想减少到 5 种的人,目的是想要减少投资;想增加到 20 种的人,是想要扩展更多的客户。那么是不是就可以说,只要能够减少投资,其实增加商品种类也没问题?有了这个切入点,那么首先就可以考虑怎么在维持现有种类的前提下减少投资。这样的话接着要考虑的就是在库管理。或者说,如果有方法能够在不增加商品种类的情况下扩大顾客的覆盖范围,那也可以。

**我**：啊,这么一想确实一团乱麻的情况一下就清晰明朗多了。

**金井**：在思考可行的解决方案组合的过程中,就有可能想出既能减少商品种类,还能提高顾客覆盖范围的方法。

其实问题不是增加还是减少种类,双方各自都有更进一步的目的。那么就应该把问题设定为怎样在提高顾客覆盖范围的同时减少投资。商品种类只不过是一个可增可减的变量而已。

**我**：只关注数字的话,就会变成单纯的拉锯。

**金井**：是的。必须要想清楚对方更深层的目的是什么,然后去想有没有什么可以达成这个目的的办法，这样也许就能想到解决二律背反的方法了。

**我**：也就是说，当论点聚焦到"个数""比率"这种数字的时候……

**金井**：当所有参与讨论的人都陷入拔河拉锯式的话题时，其实就是落入了陷阱。要想不落入拉锯陷阱，可以记住这张图。首先，这是最初的状态。

节约成本　　　　　　　　　　提高顾客覆盖范围

**我**：是要节约成本，还是要提高顾客覆盖范围？大家围绕这两个问题进行拉锯。

**金井**：没错。那么我们把分处左右两边的"节约成本"和"提高顾客覆盖范围"变成纵轴和横轴，也就是下面这张图这样。这张图也能代表要解决的问题吧。

**我**：变成斜线了。

**金井**：这时候再进行拉锯，就是在这条斜线上移动了。

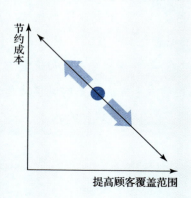

我：原来如此，确实是这样，这两张图代表的问题是一样的。

金井：然后，当发现只是在斜线上进行拉锯的时候，就可能像第三张图一样转变意识了。

我：啊，原来如此。确实，这样看就容易想到"有没有既能降低成本又能提高性能的方法"这个切入点了。

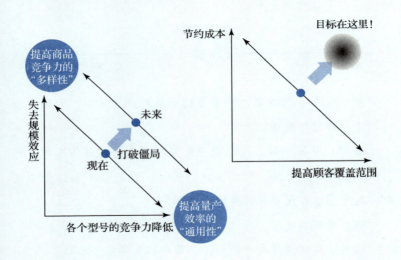

金井：这张图就是"创新制造"时做的。要同时提高多样性和通用性，不能败给二律背反。

一个技术人员，一个想要做有附加价值工作的人，就应该把目标定到这张图的右上方。迷茫的时候就想想这张图。瞄准右上角，这才是真正的工作应该做的。

第七章

能否点燃
"理想中的引擎"

逆转经营：
马自达的自救突围之路

## "金井先生，我不懂您的意思"

2005年，马自达制定了一项长期战略。在这一战略下，金井及其团队（CFT6）提出了一项颠覆性的计划，该计划成为后来推出的"创新制造"的母体。对现有工作方式做出颠覆性改变是很难得到理解的。人们都习惯于维持现状，而对传统习惯的改变往往会产生畏惧感，甚至抗拒感。公司内部需要启动"创新制造"的契机。以世界第一为目标的SKYACTIV发动机肩负着这一使命。但在混合动力汽车成为主流的大环境下，公司内部对是否应该在发动机上下功夫也存在很多质疑。

金井：要我先总结一下吗？

我：拜托了。

金井：首先，我们的目标是"达到性能世界第一的同时降低开发成本"。所以，之后我们推出了"通用架构"。我们希望在"进行多种变量生产的同时，实现少量车型、大量生产"。这就是"弹性生产"。

实现"通用架构"的前提是先计划好今后 10 年要生产怎样的汽车。这就是"统揽企划"。这一切的大前提是进行"技术革新"、保持先进性,以保证自己 10 年后也具备竞争力。我们将马自达业务流程的整体变革统称为"创新制造"。

**我:** 也就是说,业务流程的变革就是"创新制造"对吧。大家常说马自达变革的两翼是 SKYACTIV 和魂动设计。但其实这两者都是"创新制造"带来的产物而已。"创新制造"就是在新技术和新设计之前超越开发与生产中的二律背反,也就是金井先生所说的为了创造"有附加价值的构思"而对"业务流程"进行革新。

**金井:** 是的。不改变工作方法与思路,制造出来的汽车也只能是一成不变的,也就不可能实现我们背水一战的愿景。这就是当时 CFT6 的结论。

**我:** "统揽企划"就相当于"孕育超越二律背反构思的框架"吗?

**金井:** 没有一定的框架,就无法形成具备现实可行性的构思。

**我:** "创新制造"的提案在 2006 年的经营会议上获得通过。但是,这就意味着汽车的生产线及工厂的生产体制、开发体制都要从此焕然一新吧。

**金井:** 是的。

**我:** "创新制造"开始后,基层应该出现了很多反对声音吧?比如"现在明明一切顺利,为什么要颠覆性地重整"之类的声音。我听说很多人并不相信"创新制造"一定能取得成功。

**金井**：是的。提出理想很简单，但要让其他人理解却绝非易事。公司内部倒是没什么人直接冲我说"你这样是错的"，但事实上有很多人会对我说"金井先生，我不懂您的意思"。

**我**：这种心情也是可以理解的（笑）。

**金井**：总之，大家没见过，也没听过这种天马行空的想法，都不知道这个方向是否正确，是否真的能实现，所以直观上无法理解。

**我**：那您是怎么应对的呢？

**金井**：技术人员也有自己的浪漫，技术人员都会有"想做出世界第一的产品"的渴望，我们首先就是从这一点入手的。

应该说，绝大多数马自达员工应该都怀揣着"想做出世界一流水准的产品"的理想。当然，理想是因人而异的。例如，不同员工对理想车型的理解便不同，有的人倾向于跑车，有的人则青睐于轿车，还有的人则钟情于SUV。但是，只是嘴上说说要成为"世界第一"肯定无法解决大家的顾虑。当时马自达的情况虽然有所好转，但毕竟之前反复失败过太多次，员工们都没什么信心了。

**我**：毕竟马自达曾因跳帧失败而被福特收购了，因此员工们的自信心受挫也是可以理解的。但是，阿特兹的成功不是证实了"贯彻标准调查"这一方法论是正确的吗？

## 弱者也应保持自豪

**金井**：这一点其实也是藤原（藤原清志，曾任马自达副社长）反驳我的一大论据。当志向不够远大的时候，标准调查往往会成为上司的道具，他们动不动就会责问下属"为什么其他公司的汽车具备的功能我们却没有"。然后，被责骂的技术人员就会慌慌张张地将那项功能加进去。但是，这种非首创的东西并不会引人注目，也没有挑战的价值。这样一来，还奢谈什么世界第一？大概做到的只能是拾人牙慧吧。

**我**：这完全和本来的目标背道而驰了。

**金井**：标准调查是一种手段、一个道具。我认为标准调查应该交由有志向的人去做，而不是用标准调查来给自己树立志向。

**我**：那么标准调查到底应该如何利用呢？

**金井**：必须要对自己的工作感到自豪。

**我**：自豪？具体有什么表现呢？

**金井**：反过来讲就是不能"一输即逃"。

可以承认自己输了，但是不能输了就认命，觉得"反正我们就是二流"。必须要为失败感到生气、懊悔。一失败就自暴自弃，觉得反正自己就是二流，这种想法就是完全没有自豪感的表现。起码要有"给我等着瞧"的斗志，也就是自豪于自己从事的工作。我是这样觉得的。

**我**：原来如此。

**金井**：所以，弱者也必须对自己的工作有自豪感。不因失败而气馁就是自豪于自身的工作。虽然现在失败了，情况很惨，但不能消极地听天由命，而是应该怀着克服困难的志气勇敢面对失败。工作态度也会因这种自豪感的有无而产生天壤之别，

对吧?如果不根除"反正我们就是二流"的消极思想,何谈理想?不过,当时马自达的情况还是要比谷底时期好很多的。

还有一点,即使让大家"畅谈理想",也很难激发出什么大胆创新的想法。这是由于大家都明白如果真的要追求自己理想中的汽车,那么就必须要进行颠覆性改革。

**我**:比如"想要追求最快的速度",只改变悬架是远远不够的,还必须对发动机、车身等做出改变才行,是吗?

## "始终只做正确的事"

**金井**:不是的,其中涉及的是更为基础性的问题。汽车的结构平台和框架(决定发动机等主要零部件位置的基础框架)等如果不是最优的,那就不可能造出非常优秀的汽车。

开发结构平台需要花费巨大的成本和精力,开发一次就能持续使用 10 年。一群人在一个本身不够过硬的平台上拼命创新、改变自己负责的那一小部分是很难有好结果的。

事实上,大家一直纠结于究竟要不要对结构平台、框架等所有零部件全部予以重新考量。问题是生产上是做出改变的,必须要继承老型号的一些基本零部件,这就制约了大家提出"想为这种车型做些特殊改变"的勇气。

**我**:于是,大家就尝试从不太满意的地方做出改变。

**金井**:总之,消极思想是很难根除的。因此,我们当时鼓励大家:"这次我们要消除一切制约条件。从现在起,大家不必为老车型的零部件、生产条件等所束缚。大家只要各自思考自己心中理想的系统即可。马自达将以大家的理想为基础，制造出引领今后 10 年的汽车。"我们呼吁大家从起点开始就只做正确的事情，一切重新开始。

不过，我们的本意是希望大家共同参与到探讨中，目的在于大幅削减研发所需人力物力、降低开发经费和生产成本。因此，我们才会痛下决心地告诉大家从现在起要全力创新了。大致就是这样的。

**我：** 整个公司从根本上转变为"追求正确、全部创新"。大家应该都充满了斗志吧？

**金井：** 不，并没有。

**我：** 这又是为什么呢？

**金井：** 一开始我们把所有涉及制造的人员都编入到了各个团队中。每个团队里都有生产技术人员，有的还有工厂的人员。如果涉及重要的单元，还会邀请供应商一同加入。当时大概有 40 个团队吧。我们要求大家针对每个零部件，例如发动机、悬架、刮水器、玻璃等"畅谈自己的理想"。但事实上并没能催生出什么令人眼前一亮的新想法。大家都没能逃脱出从前工作的范围和自己的常识。

**我：** 也就是说，即使告诉大家"随心所欲去做"，员工们也没能"勇于追求理想"，对吧？

## 即使让员工随心所欲去做，也难以逃脱自我束缚

**金井：** 要从根本上消除根植于员工内心的"传统束缚"是

非常困难的。

所谓束缚,换句话说就是"迄今为止所做工作"的范围。比如说,我们尝试过让大家先只设定好尺寸大小和发动机排量的框架,然后考虑向里面加东西,随便什么都可以。但大家还是很难逃脱自我束缚,会觉得"这样设计将无法融入马自达的传统工程里"。换言之,觉得有这种"束缚"才是技术能力的体现,这种想法其实是一种误解。这其实正是我想要大家彻底消除的东西。

越是经验丰富,就越难逃脱经验的束缚。结果就是拿出一堆"在传统框架里努力尝试"的设计。虽然现实性比较强,但要追求世界第一就非常困难了。

**我**:作为公司员工来讲,我能理解他们想拿出比较稳妥的方案的心情。至于为什么会那样,我觉得可能和自己本来就没仔细考虑过理想有关。

**金井**:是的。

**我**:比如,员工们是否考虑过自己的工作能够成为世界标杆。即使想过要做到自己能力内的最佳状态,也不一定考虑过和世界上其他竞争对手比优劣,更别提成为世界第一了。他们很容易产生"就凭我们,怎么可能?"的想法。

**金井**:一般的工作只要"考虑好成本和交货期,拿出没有破绽的工作成果"就可以了。当然这一点也是很必要且重要的。但是,对于当时的马自达来说,只有这样是完全不够的。所以管理层明确提出了"摆脱束缚""以理想撬动工作"。

**我**:即使如此,也没能鼓舞大家有所突破。

**金井**：这还是因为大家看不到具体的整体情况。倒是有人说："金井先生，您怎么好像有点盛气凌人，您说的那些是认真的吗？"就算让员工们畅谈理想，但把那些理想全部组合起来会变成什么样、能造出什么样的汽车、怎么去生产、最终结果会怎么样，这一切都难以想象。所以很多人的反应都是"金井先生，我不懂您的意思"。

**我**：如果当时大家能看到如今已经成为现实的第六代产品线就好了，毕竟当时没有一点实物的影子。

## 先从发动机开始革新

**金井**：我当时是这样想的，"既然大家都不能理解，只能先从理解能力强的人入手，拿出些具体例子了"。如果不能用道理说服他们，就只能拿出实例来。把实例摆出来，再和他们说："这就是'通用架构'，把'通用架构'转化为现实就是'弹性生产'，要实现'通用架构'和'弹性生产'，就必须先把今后10年要生产的汽车框架设计好，这就是'统揽策划'。"这样一来，大家就更容易理解了。我们需要一个先行案例。

从这点上来讲，当时决定公司内部能否真正开启"创新制造"，创新后生产出的汽车能否占领市场的首要问题就是发动机。

发动机是汽车魅力的核心所在，汽车的运动性能、油耗、环保性能由发动机决定。顺带说一下，耗油量低的汽车环保性能也比较好，基本可以这么理解。当时我们的汽车其实缺点挺

多的(笑),但我首先想提高的是发动机的技术水平。所以,我于 2005 年和负责动力传动系统(发动机、变速器等动力相关系统,简称 PT)的部门商谈过,要求他们想想办法。

**我:** 要在运动性能和环保性能上达到世界第一,就必须在发动机上实现飞跃式的进步。但是,当时丰田的混合动力车型的代表第二代普锐斯(Prius,2003 年发售)风头正盛,大环境的认知是"要追求环境性能,肯定选择混合动力汽车,已经没有必要创新内燃机技术了"。

**金井:** 10 年后的马自达要怎样应对混合动力汽车,这也是一个很大的问题。当然,公司内部也有很多人提出这样的质疑:"我们不跟上混合动力汽车的趋势真的没问题吗?"但最终我们的结论是:"与其去争抢混合动力汽车的份额,不如提高传统发动机的性能,改善油耗和环保性能。"

**我:** 当时混合动力汽车卖得很好,为什么没有将混合动力汽车作为目标呢?

**金井:** 因为那个时候再去追赶丰田,也很难追上了。而且搭载内燃机的汽车在世界上还是占据绝大多数的。马自达的目标是在汽车行驶的动感和环保性能上成为世界第一,要抢占市场,跟风去做混合动力汽车是没有前途的,只能在内燃机的性能上追求极限。

**我:** 2009 年,本田发售了第二代 Insight 应战,但完败于普锐斯(Prius)。丰田在 2011 年又发售了比普锐斯(Prius)更小巧的混合动力汽车 Aqua,这款车型也成为当时最畅销的车型。现在回想起来,即使马自达加入混合动力汽车,获胜的概率确实也很小。

**金井：**对，我们不可能用几年的时间就追赶上丰田的混合动力汽车。开发混合动力汽车不仅需要非常努力去学习，还要耗费巨大的时间精力及人力物力成本。我们没有这样的条件，所以我当时心里想的是再观望一下，如果最后发现实在无法和混合动力汽车相抗衡，那就考虑合作。不是说看到一种车的市场反应好自己也去做，而是应该冷静地去评判自家公司的资源条件，这样就会发现当时我们做出那样的决定也是一种必然了。

**我：**后来马自达也与丰田合作开发了一款混合动力汽车，即2013年发售的第三代昂克赛拉（Axela），搭载丰田混合动力部件，从而实现了业务合作及股份互持。那么，让我们再将话题转回到2005年，当时马自达做了什么呢？

**金井：**我首先找PT部门谈话，对他们说："我们从2002年就开始讲'Zoom-Zoom'，将驾驶的动感作为我们的卖点，但现在看来我们的发动机是不是做得还不够？"然后，对负责人羽山信宏（时任常务董事）提出要求："我们的发动机也要做成世界第一，您来带头做出符合'Zoom-Zoom'定位的汽车吧。"

当时马自达向福特集团供应了大量发动机。我们的发动机自然是很好的，但总归有些"其貌不扬"，不能让人感到惊艳，就是比较注重实用。我当时希望PT部门在"创新制造"上能够有大的飞跃，希望他们能够勇于挑战，做出能够称为世界第一的、令人惊艳的发动机。羽山当时也非常赞同，激励下属说"对对，我们一起努力去做吧"。

当时发动机因短活塞还是长活塞、短行程还是长行程等因素而不同，每种发动机的工作方式都有很大区别。简单来说，就是燃油的方式都不相同。汽车领域有一个"燃油概念"，单单是汽油发动机就可以分成 5 种。

**我**：就像马自达在 20 世纪 70—80 年代制造的汽车种类就非常多。

**金井**：是的。技术人员按照各自的想法与执念去做，没有一个统一的整体目标。如此一来，无论开发还是改良，都需要单独去做。但是，如果发动机的"燃油概念"相同，就算尺寸规格不同，理论和试验结果上也可以平行展开。所以，我们想要开发出极致的发动机。就算排量不同，"燃油概念"也要相同，理论上要是共通的。

**我**：那么马自达将发动机的"标准调查"对标到了哪家公司呢？

## 目标自然必须是宝马

**金井**：当时我问工程师哪家公司的发动机世界第一，大家的回答都是德国宝马。我们调查后发现，宝马只要开发出一项新技术，就会在短时间内应用到所有的发动机上。如果不是设计的"理念"在某种程度上有共性，是无法这样平行应用的。也就是说，宝马的做法就很接近"统揽策划"。他们以一种非常合理的方式制造出了冠绝世界的发动机。

最开始，与其说我们是下定决心也要做到宝马那样，不如说是希望自己可以像宝马那样。也算有点出于个人兴趣吧，我还非常深入地去了解了一下宝马的历史。我希望马自达也能成为那样的品牌。当时我在想，是什么带领宝马走到今天的地位？最后得出的结论还是发动机。

**我：** 宝马的口号是"Freude am Fahren"，翻译过来就是"纯粹的驾驶乐趣"。也就是说发动机起到了很大的作用。

**金井：** 我们也希望客户驾驶了我们的汽车之后能发出"马自达的'Zoom-Zoom'发动机果然驾驶起来酣畅淋漓"的感慨。虽然排量大小带来的体验是有决定性差异的，但是我们希望能够开发出小排量但动力更足的汽车，让客户驾驶之后惊呼"这真的是 2 升的车？跑起来真畅快"。驾驶起来非常畅快开心，去加油的时候会再次惊喜地发现"就加这么一点油就够了"，这会多开心。

**我：** 原来如此。驾驶乐趣十足，还有燃油成本低的附加惊喜。

**金井：** 对，所以我们不会说为了驾驶体验而不考虑燃油成本，但马自达也绝不会制造只会节能却没有驾驶体验的汽车。所以当时我们对发动机部门提出的要求是"忘记传统发动机的共通点，不考虑成本、不考虑生产效率，先把自己理想中的发动机设计出来"。

**我：** 先从发动机开始创新，目标是宝马。那么，马自达最后拿出了怎样的发动机设计方案呢？

**金井：** 最开始出来的设计方案还是一塌糊涂。

**我：** 这样啊……

逆转经营：
马自达的自救突围之路

## "你们的理想就只有这种程度吗？"

**金井**：然而，大家拿出的方案还是将其他厂家的优点拼凑出来的东西，只追求自己能实现，没有丝毫挑战性。我看到那种毫无骨气的方案，当时就火大了，直接批评他们："这样设计出来的发动机，量产之后要不了多久就会被市场抛弃。你们这些工程师真的能拍胸脯说这就是你们理想的设计方案吗？"很快，这个方案便被打回去了。

**我**：他们并没有如您期待的那样去勇敢地挑战。

**金井**：当时被我训斥的负责人在半个多月之后战战兢兢又拿上来一份方案，对我说："这是PT部门的前期研发团队正在研究的发动机，但我们不确定可行性有多大。"那份方案就是现在的SKYACTIV的前身，是一种前所未有的超高压缩比发动机，一旦成功，无论从运动性能还是燃油成本上，都一定能成为世界第一。

马自达的发动机开发部门一共有1500人左右，其中担任前期研发的团队只有30人。前期研发团队的负责人是人见光夫（现任高级创新合伙人），他一直埋头苦心研究之前欧洲厂商推崇的缩小涡轮增压器的方法，经过一番透彻钻研后，发现这"并非良法"，遂转而探索其他道路。不过，当时我并不知道人见光夫其人，他来到马自达的台前，为媒体所认识是后来的事情了。

**我**：NHK拍摄的《匠人》系列纪录片就专门介绍过人见先生呢（《蓦然回首，发现未来——汽车发动机开发人人见光夫》

2015年1月12日播出）。这就是当时发动机创新的第一个突破口吧？

**金井：** 那时候藤原（藤原清志，时任产品策划商务本部部长）还在 CFT6 团队。当时，他是这么问我的："如果成功开发出了这种发动机，肯定能荣登世界第一的宝座。但是我们真的要从零开始开发吗？"

他是产品策划部的人，因此也很关注汽车的外观。他知道这意味着什么，所以当时就说："要搭载这种发动机，就需要对搭载位置、排气系统做出巨大改变，轮胎也要前移。这意味着要从结构平台开始重新设计，就连防撞方案也要全部重做。"其实，他当时那番话也是在试探我的决心，而这正是我期待的。因此，我当即就回答道："是啊，很难吧。但这样才有挑战价值，不是吗？马上开始着手重新设计防撞方案吧。"

**我：** 也就是说发动机创新这一首要课题已经启动。要搭载新发动机就必须改变整个汽车的设计方案。

**金井：** 另一方面，当时策划设计组很早就拿出过一个改革方案，表示"希望驾驶员能坐在方向盘的正中心"。如果平常注意观察的话，你应该不难发现驾驶员的身体中心和方向盘的中心并不一定在一条直线上。比如右侧驾驶的汽车方向盘可能会偏左一点。驾驶员的双腿也无法非常对称地左右打开。这是因为加速踏板更偏左了一点，而这是由于本来应该放置加速踏板的位置被车子的右前轮占据了。

**我：** 啊，原来如此。

**金井：** 所以我向藤原提议"不如趁这次机会将轮胎的位置

前移"。然后,车辆设计部就提议说,"那么不如把加速踏板也一并改了,不要从上方悬挂下来,而是改成从地板凸起的琴键式,让驾驶员踩踏起来更加舒适"。接着,设计团队提出,"车轮前移的话,A柱也要相应前移,前方视野就会变差,A柱还是想放在后面一点",还有"如果不改变车窗的安装方式,视觉死角就会增多,必须得想想办法",诸如此类,大家提了很多意见。

我们总结了各部门团队的意见,向车身造型设计师提出"设计一款能满足这些要求的帅气汽车"的要求。从外观设计上来说,轮胎前移可以让汽车看起来更敏捷帅气。

● 驾驶位置示意图(自动变速车型)

马自达提出的理想驾驶位置

**我**:当理想的一角得到具体化之后,大家纷纷恍然大悟,随着理解的加深,新想法也被不断启发出来,一个接一个地提出了自己的方案。

**金井**:而且,这些涉及根本的理想都必须从一开始就提出来。如果不在开始时就加入这些要求，后面就无法实现了。尤其是改变轮胎位置这种要求，基本上就是改变外观布局了。如果不是从一开始就提出来，之后再怎么懊恼也是难以改变的。可以说当时的氛围和赶车颇为相似——生怕错过了就再也无法上车。换句话说，就是要"事先考虑好一切必要因素"，可谓是极致的 PD 管理（笑）。

**我**：原来如此（有些感动）。

## 本以为是 10 年后，没想到只剩 5 年了！

**金井**：因为这些事已经过去很久了，可能我现在说的话有一些记忆美化，所以也不用全信。总之，当时我们就是重复进行这类讨论，然后开发部门的员工终于相信"原来金井是认真的，真的可以一切推翻重新考虑"，于是便逐渐有了干劲。

我也挺狡猾的，看到大家干劲已经很充足了，才告诉他们："就像经营会议上已经决定的那样，我们的目标是在 2015 年实现马自达所描绘的愿景，大家要一起努力。首先，我们必须要在 2011 年推出'统揽策划'下的新车型。无论如何，我们也不可能在 2015 年一口气推出所有的新车嘛。"听了我的这番话，很多人都面露难色地表示："我还以为开发时间是 10 年，截止期限是 2015 年，原来只有 5 年了吗？"

**我**：好过分（笑）。我想可能也有人隐约感觉到有点不对劲了，但您是故意先不宣布期限，直到开发人员有了兴致才公布的，对吗？

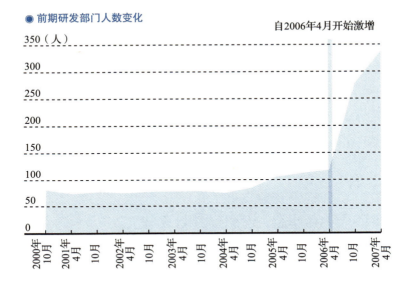

● 前期研发部门人数变化　自2006年4月开始激增

**金井**：不过，一般我们的开发期限其实只有3年，5年还多给了两年时间呢。这就是前面我讲过的给前期研发预留出来的时间。因此，从2006年开始，我们在前期研发上投入的人力和预算便大幅提高了。

**我**：前期研发和商品开发界线模糊一直是导致商品开发返工的一大原因，这样一来终于解决了这个问题。但是，相应也会导致当时的汽车开发力度不够吧，关于这点又是如何解决的呢？

**金井**：我们减轻了产品开发人员的工作负担。2006年至2010年生产的汽车没怎么用过新技术。或许应该说是基本没用过新技术。

大家都是一边小声抱怨着"还以为能再多给时间呢"，一边拼命地努力开发。之所以大家能这么干劲十足，我觉得还是因为"理想"就近在眼前了。如果理想目标很明确，就会觉得再努把力就能做到，也就自然会很想去实现。再加上又没有什么做不到的理由，大家也就无法再找借口了（笑）。

**我**：但是，如果到头来发现新发动机效果不好，您准备怎么应对呢？

**金井**：如果我们做了两年后却失败了，那就再转回头去做那种"集众家之长"的"拼凑"发动机就好啦。虽然可能无法成为世界第一，但至少也能做出差不多的东西吧。我当时就是这么想的。不过好在最后不是这样的结局。

2006年夏天，大家的努力结出了果实。高压缩比汽油发动机的开发可以说是赌上了我们公司的命运，好在最后成功了。按照人见先生的说法，我们只是实现了"教科书上讲过的理想的燃烧"而已，以及"我们只是将那些认为高压缩比会导致燃烧异常是业界的常识，或者说有这种惯性思维的人没有尝试过的方法付诸实践而已"。

**我**：果然像是出自人见先生之口的话呢。

**金井**：同样是追求"理想的燃烧"，在柴油机的开发上，我们却是在低压缩比发动机上看到了实现的可能，这也是超出大家常识范畴的。就像这样，开发"能够装配到所有车型上的理想燃烧发动机"开始使得"通用架构"实现变得具象化。

无论排量如何，结构与燃烧特性都是相似的，因此可以根据市场上的各种规格进行调整，这样开发成本就大幅降低了。

**我**：也就是说，马自达从最重要的部门开始，以实例的方

式让员工们相信自己描绘的"愿景"是可以实现的。

**金井：**而且，我在前面也提到过一点，当时发动机部门的混流生产线正在稳步建设中，准备在 2007 年 5 月开始投入使用，能够同时生产不同型号的发动机（直列 4 缸与 V 型 6 缸）。我们最终弃用只能生产同型号发动机的专用设备，而改为利用数控机械中心进行混流生产。这样便可以生产所有种类的发动机，无论是哪种车型成为爆款，工厂的生产效率都不会下降。

体现在发动机上的"通用架构"：图上从左到右分别为柴油机、汽油机，以及更紧凑的汽油机的气缸体，气缸数都是 4 个，形式与排量都不同，具备相似性。搬运机（见右图）的抓手开口对应在三种气缸体上的位置与大小都相同。

当时我们非常高兴，四处宣传，直呼"太棒了！以后不仅在发动机上，在所有的生产单元都要实现这种多品种变量生产！"我们实现了最复杂的零部件的"多品种变量生产"，不就意味着已经快将理想中的"弹性生产"变为现实了吗？

**我：**刚刚您讲的实际上就是"弹性生产"的实例吧？真有

意思。也就是说，在生产方面也有和您持相同理念的人在努力。

当时的《日经商务》上曾经这样报道："一般来讲，工人要学会一种新车型的组装需要一个月。但是山木（胜治）专务认为，只要开发出更多具备共通性的零部件和系统的组装方法，这种学习时间最短可能缩至一周。这对于在同一条生产线上生产多种车型的马自达来说，是提高生产效率的方法。"

**金井**：马自达"创新制造"的总体理念是"统揽策划"，开发方面的指导思想是"通用架构"，约定在一定框架内进行开发，相应的生产方面的指导思想是"弹性生产"，从而大大提高效率。开发与生产的合作能够实现共赢，所以双方才会达成一致。

## 用"同种理念"制造汽车的好处

**我**：可能理解能力强的人已经明白用"同种理念"制造汽车的好处了，但像我这样比较迟钝的人还是有些疑惑，所以能否再向您确认一下，"统揽策划"及"通用架构"的开发、"弹性生产"理念下制造的汽车，大前提是零部件相似，而非共通，是吗？

**金井**：是的，并不是共通的。

**我**：那么，之所以能够降低成本，还是因为"固定"的位置及"变动"的部分基本相同，比如"转动一下就能改变某种性能"的"机关"具备相似性，这样根据不同商品做出各自的特色，或者做出一些小调整都不用费太多工序去开发、试验，于是开发成本就降低了,是吗?

## 改良也可统一进行

金井:对于开发而言,还有其他好处。比如,可以以 Atenza 这款轿车为原型,去开发发动机、车身、行驶系统等。CX-5 也具备相似的设计,这样在进行模拟的时候就只用做一点小的修正,改良了 CX-5 的缺点之后,也可以直接移植到 Atenza 上。

为了实现这一点,就必须保证实体汽车和模拟试验结果的统一性。所以 MDI 从一开始就花费了很长时间去研究这个问题。最终积累下来的成果就是,无论汽车重一点还是轻一点、长一点还是短一点,都能马上移植同种技术。

我:即使各种车型分头开发,也能共享优缺点。同时开发 3 款车,反馈进度就是 3 倍。

金井:正是这样。开发的理念、技术相同,所以开发的成果就能迅速通用。

我:了解开发成本在产品价格所占比重的人应该很容易理解吧。但还是会很容易觉得"好不容易统一了设计理念,为什么零部件还要做成不同的、只是具备一定相似性而已。真的能降低成本吗?成本不会反而上升吗?"

金井:我再补充一点,前面提到过这样做提升了组装效率,其实除了这点以外,设备投资的成本也会下降。因为我们已经知道了今后 10 年要做的零部件的变化范围,所以就可以弃用只能制造同种零部件的设备,转而引入能够制造一定变化范围内的零部件的数控机械。这样从理论上来讲,10年内都不用再更新设备了。当然,像汽车车身的冲压模具之类的设备,个别车型实在无法和其他车型共用的话也没办法。

但是,机械加工生产线和组装生产线就不会有这种问题。只要提前引入数控生产设备,无论是A零部件、B零部件还是C零部件,随时都可以上生产线连续生产。这就是"弹性生产"。每种车型的固定部分和变动部分位置都相同,因此便可保证设计出来的生产线可以完美实现多种变量生产。比如说,我们已经有了A、B、C三种车型,现在想要制造一款介于B、C之间的新款车,那么开发和生产都会非常高效。实际上,特供

第三代阿特兹(2012年至今),右图为2018年大幅改良后的产品

特供中国市场的CX-4(2016年至今),这款车介于昂克赛拉(Axela)和CX-5之间,目的是代替一直在中国市场销售的第一代阿特兹

第二代CX-5(2017年至今)

中国市场的 CX-4 就是在短时间内开发生产出来的。

**我**：但是比起"只制造 A 型车"的工厂，生产效率会不会有劣势？

**金井**：我们自认为效率不会逊色。而且，其实只生产一种车型就能实现满负荷的工厂已经很少了。至少就马自达来说，只有人气曾非常之高的红色 Familia 能做到这样。但人气高也不可能一直保持下去，所以那种工厂究竟能不能称为理想中的工厂还是要画个问号的。

要在这种环境下实现工厂的满负荷，只能走可以用同台设备在同样效率下生产 A、B、C 等多种车型的"弹性生产"路线。

第八章

# 福特"默认"下的马自达"暴走"

逆转经营：
马自达的自救突围之路

## "移动点位"

SKYACTIV 发动机的开发决定着"创新制造"能否成功，随着发动机开发的胜利曙光映入眼帘，开发人员也摆脱了心理束缚，开始勇于追求成为"世界第一"，而生产部门也向实现"弹性生产"迈出了一大步，马自达的工作方式终于开始改变。虽然很想这样总结，但前方其实还有一大障碍等待着马自达。推崇少品种大量生产的福特集团，能否接受马自达在"创新制造"下实现的"多品种变量生产"的计划呢？

**我**：我向您问了许多关于"弹性生产"的问题，现在终于有些明白"弹性生产"的目的所在了。也就是说，马自达希望建造"可以随时随心生产今后 10 年马自达所有车型"的工厂，对吧？这样一来，看到哪种车型热卖，就可以灵活改变生产计划，提高工厂运转率；设备投资也比较集中，可以降低成本。

**金井**：是的，没错。

**我**：要实现这点的前提，是先确定好"今后10年的生产范围"。只有产品的规格和主要零部件外部结构在一定框架内，生产现场才能应对。如果设计出的汽车超出了工厂所能应对的范围，就必须追加投资了。为了保证不出现这种情况，就需要通过"统揽策划"决定生产范围，用"通用架构"设计出具备相似性的产品。

**金井**：正是如此。

**我**：但我还想再确认一下，所谓具备相似性，就是也有一定的差异，对吧？如果没有一定的可变化范围，设计将一成不变，从而变得非常无趣吧？

**金井**：关于这个问题，我正好有个很好的例子。当时有一个参加会议的生产技术员忽然灵机一动道："我们把车身生产线的标准卡做成可移动的就可以了吧！"这位技术员的突发灵感就这样解决了一个大问题。我对此记忆犹新。

**我**：标准卡？可移动？

**金井**：就是在把各种零部件组装到车身上的时候，车身组装生产线上有一个决定位置的"标准点"，要将汽车的主梁（汽车从前到后有两条纵梁，是车身结构上最重要的部分）放在上面，然后通过生产线逐次安装其他零部件。

**我**：也就是说，标准卡是通过多点固定将车架固定到生产线上，决定组装作业位置的标准。

**金井**：汽车的车架是绝对不能随意改变的，这是铁的原则。马自达现在的做法是，只有标准卡的直径和车架固定处的形状是不变的，但允许一定范围内的移动。

**我：**在工厂里组装的时候应该就是通过类似于"移动点位"的方式去应对多车型变量生产的吧？

**金井：**决定这样做之后，工厂也可以在可移动标准卡的前提下制造夹具（组装工具）了。相应的夹具做好以后，就可以随心变换模型了。就算追加再多种类，也可以游刃有余地应对。虽然最开始投入会有点高，但之后会有很多好处。以前都是要根据不同车型花费高昂成本定制夹具的。

马自达的生产线

开发方面其实也一直饱受这个问题的困扰，即使想做出理想中的车架，但因为标准卡位置是固定的，有时候就不得不在不想开孔的地方开孔。大家当然都想改善这种不太聪明的方式。于是，开发和生产两方的工作人员就展开了讨论。

生产部的人说："我们把标准卡的位置改一下吧。比如这个位置这样动一下，应该就能应对很多种车型了。"但开发部的人提出反对意见，认为："不行，长期来看，谁也无法保证这个位置一直都能适用。"然后，生产技术方面的工作人员想到了这样一个好办法："我知道了，我们把标准卡做成可移动的吧，然后用机器人决定位置。"只要生产线把数值信息提供给工作机械或者技术工人，告诉他们"接下来要生产的汽车标准点在这里"就可以了。这样讨论就结束了。我们真的很感谢想到这个方法的技术员。

**我**：明白了，主管生产的领导要有决断力，要敢于改变传统的生产原则。

## "守卫什么才能实现理想？"

**金井**：为了实现理想，开发方面和生产方面一直相互沟通着各自必须遵守的原则，开发团队承诺"不会脱离'统揽策划'的框架"，生产方面则表示"只要是在'统揽策划'内的设计都可以保证做出来"。这种沟通也促进了开发和生产双方的互相理解。

**我**：回顾成功事例的时候，总会觉得是有一个人在当初制订了一个长期计划，然后大家按照计划在该点燃引线的地方点燃引线，在"恰好"的时机起步并不断前进。一切看起来总是这么刚刚好。

**金井**：这当然是不可能的。

**我**：嗯。就像发动机生产部门做出了"弹性生产"的前期案例一样，每个部门应该都会有一部分人一直都对当前的工作

方式抱有问题意识,怀揣着理想。而"创新制造"则创造了这样一个契机,让所有相关人员"从零开始灵活地思考新方法"。

**金井:** 对,大家都在很认真、努力地工作着。各个部门其实都一直在努力想要做得更好。我们所做的就是更好地利用这一点。对那些做得还不够好的人,我们督促激励他们,告诉他们"我们的志向是成为世界第一",然后大家就在最好的时机拿出了成果。

从很多层面上讲,成功与否最后取决于"运气"。我们运气比较好,成功的背后其实有"幸运"这层因素在。不过,如果我们没去做的话,也不可能知道自己有没有这份"运气"(笑)。

**我:** 这样一来,公司里的氛围也会发生改变吧?

**金井:** 并没有,除了深入参与进来的人,其他人其实并没有太多改变。不过,我们当时和公司的经营层领导沟通非常顺畅,我们找了个时机向他们汇报了革新的情况。于是,公司内很快就产生了一种"这样真的能成功"的氛围。

当时正好日元贬值,我们的业绩很好,正处在一个有利于制订未来计划的环境中。而且,一些细节问题也对我们很有利。

**我:** 您说的"细节"指的是什么?

## 一鼓作气,降低风险

**金井:** 比如说,"统揽企划"其实也意味着"缩小经营范围"。本来马自达生产的各种汽车都有各自的供应商和销售商,减少商品种类对于本来产品就多的大厂家来说是困难的。

第八章　福特"默认"下的马自达"暴走"

我：毕竟是要停产那些"可以为提高营业额做出贡献"的商品。

金井：是的，而我们想要做得更加彻底，我们不仅要停产一部分车型，还要"重新评估一遍所有的产品，按照理想重新设计"车型。这对于马自达来说也是非常困难的一个决断。

我：我关于这一点有一个疑问，可不可以不这样大刀阔斧地彻底改变？难道不能再多花些时间循序渐进地推进改革吗？这样风险会不会更低一点呢？

金井：我们当时为什么要那么着急，首先是因为旧车型和"统揽企划"下的车型混合存在的时间越长，提高开发及生产效率的速度就会越慢。而且更重要的是，速度慢下来就没办法让消费者对马自达的变化感到耳目一新了。因此，彻底做出改变更能提升品牌形象，有利于转化为销售业绩。既然要改革，就不应该畏首畏尾，要争取在短时间内做出彻底改变。越是拖拖拉拉越会稀释改革带来的好处，实际上反而会提高风险。

我：原来如此。那么您觉得员工们能够理解这种"大刀阔斧改革"的用意吗？相对来说，马自达的员工、供应商、销售商等相关人员都比较少，那么这种理解会因此更容易得到普及吗？

金井：不是的。实不相瞒，当时的马自达员工及相关人员都不能理解、无法认同这一决断。不过，之所以马自达最终能够力排众议推进改革，还是由于我们的组织体量比较"小"。

我：问题就在这里。当时马自达的东家福特可以说是"大"组织的代表了吧。他们是怎么同意马自达的计划的呢？

**金井**:果然问到这个问题了(笑)。

**我**:前面我也问过您很多次了,"创新制造"和福特的理念可以说是完全相反的。"大量制造出性能尚可的汽车,用实惠的价格取胜",这种理念和"追求世界第一"的"创新制造"可以说完全是两种方向。实际上福特一直在努力推动马自达和福特的结构平台、发动机的通用化。而马自达竟然提出了一个完全有悖于福特意旨的计划。

**金井**:首先我要说的一点是,福特当初描绘的那些互惠共赢的美好蓝图并不一定真的能实现。前面我也说过了,通用化确实有好处,但也有很多问题,继续走那条路只会两边都讨不到好。当时的福特也渐渐意识到这一点了。

## 继续因循福特之路可行吗?

**我**:于是您便提出"我们要不要洗牌重来",是吗?

**金井**:不,我没这么讲过。

**我**:不好意思。

**金井**:当然,让福特理解马自达对于改革的迫切需求及背景是一个很大的难题。

我们想让工厂实现"年产20万辆"的满负荷,就需要全力研究可以在同一条生产线上制造各种车型的混流生产技术,研究"统揽策划""通用架构""弹性生产",以完善"多品种变量生产"。但是,对于福特这样可以在一个工厂制造20万~30万辆"全世界通用"车型的大型制造商来说,是根本无法理解马自达为什么要做那些麻烦事的。

马自达也是在加入福特的世界战略体系之后,才第一次发现原来"制造全世界通用车型进行销售"会变成什么样。每个国家都会有一些特别要求,大型零部件的运输费又很贵,所以一般是就近采购,每种零部件还可能要重新设计或者调整。说是"全世界通用",其实拆开外壳一看也并非全然相同。所以,我们发现,比起实现和其他品牌或工厂的共通,实现自家各车型技术的共通要重要得多。

**我:** 对于马自达来说,纵向统一公司内部车型更有利。

**金井:** 是的。福特的目标是按照大小、车型实现其汽车在全世界的统一,从而方便开发及量产。换句话说,就是制造商之间的横向统一,就像欧元统一一样。而马自达是想以一种理想车型为轴心开发各种大小、车型的汽车,然后根据不同市场进行微调。马自达想要完成的是公司内部的纵向统一。虽然有的零部件可能无法统一,但对于马自达来说,纵向统一的好处更大。从马自达的角度来看,如果按照福特的世界通用标准,根据大小进行横向统一,那么就要全部分别制造,这不仅对马自达自身,对马自达的零部件供应商来说也是很大的负担。我们这样解释之后,福特也多少能理解一点了。

而且,按照"通用架构"设计,应对各地市场时也只要根据车型进行一些调整就可以了。还可以通过MDI进行虚拟开发,调整的变数和变更结果都能模拟出来,因此不必大费周章做很多无用的试验。工厂方面也在不断更新可调整参数的生产设备,从而变得更容易应对生产变化。

## 提议"效仿马自达的做法"

**我**：实际上这种做法对福特来讲也是有利的。

**金井**：福特也做了很多努力。他们努力尝试实现"全世界通用",却发现没能得到想象中的"规模效应"。于是,福特也多少意识到了"统一才是最优解"并不适用于"所有情况"。因此,大家当时都觉得应该反省一下这方面的认知。

**我**：不奢望福特相向而行,至少希望他们倾听一下马自达的理念。

**金井**：不管怎么说,当时福特手握马自达三成以上的股权,实际上就是我们的母公司。要进行"创新制造",就需要投入巨额的资金,且必须要得到福特的许可。所以。我们找机会和福特的人讨论了一下,促使他们认同了马自达的开发生产效率。因此,在那个时候提出"创新制造"企划是一个绝好的时机。当然,也可以说我们是运气好。

**我**：具体是怎么提议的呢?

**金井**：从2006年夏天到当年年末,新发动机和结构平台的图纸设计逐步完成。于是,我们就觉得可以拿给福特看一下并做出提议了。

于是,大家决定先由技术人员讨论一下详细情况。2006年年末,我们和美国总公司以及欧洲的福特技术开发最高负责人开了一个会议。我们把"创新制造"的构想展示给他们看,之后提议说:"按照这种设计,可以以多品种变量生产的方式制造出更具吸引力的产品，而且成本也不会增加。要不要和我们一起实施这样的改革？"

**我**：那他们的结论是什么呢？

**金井**：他们的结论还是和以前一样，"这种好事怎么可能实现。为什么要花费巨大的投资改变一直以来的做法？这种高性能发动机和结构平台根本不可能成为现实。马自达要这么做的话，我们不会阻拦，但我们自己不会这么做。"

## 为什么福特没有阻拦？

**我**：用成果说话也没用吗？

**金井**：他们的想法也可以理解。即使我们有成果有数字，但越是自负的技术人员往往越是只相信自己亲自确认过的事情。福特既没有机会也没有理由做出这种尝试，他们很难认同我们有关"放弃以前的做法一起改革"的提议。这其实很正常。

所以，最后的结果就是"虽然以后可能会殊途同归，但现在只得暂时分道扬镳"。最重要的是福特没有说"不行"。对此，我们当时内心还是挺激动的。

**我**：福特虽然没有认可，但是"默认"了。本来大家心里也都清楚福特不可能认可马自达的改革，因此已经做好了被拒绝的心理准备了吧？

**金井**：不清楚，但是至少福特没有"制止"我们。这一点非常重要。

**我**：不好意思，又回到这个问题了。马自达的"创新制造"

理念和福特的想法可以说是完全背道而驰的吧。我感觉，不管马自达怎么解释，福特都不会认同的。

**金井**：不，这和福特愿不愿意效仿我们的改革是两个不同的问题。如果福特不能真正理解我们的逻辑，可能只会觉得"马自达疯了"。我们想避免的是这一点。

**我**：也就是说，最后落脚点是在技术部门内部。金井先生向福特的负责人员进行说明，让他们理解"马自达的想法有一定的合理性，福特虽然不会跟着一起做，但可以让马自达试试"。但是，这其实已经不是技术层面的问题，而是属于经营管理的范畴了吧？难道不应该由两边的董事长共同商讨吗？话说回来，2003年时马自达的社长就重新换成日本人了吧。当时，马自达是故意把问题降低到"技术层面"的吗？

**金井**：可能是吧。

**我**：大领导没有发出过"当时真是太难了"之类的感慨吗？

**金井**：我也不知道他们在背后有过怎样的难处。但是，我知道当时的社长好像被问过"你们是认真的吗"之类的话。具体的不太清楚。

**我**：福特的业绩在2000年达到顶峰，之后一直都在走下坡路。到了2006年，当时马自达的业绩非常好，福特还打算在各国工厂生产以马自达阿特兹为基础的汽车。也就是说，由福特主导的马自达重建阶段已经告一段落，当时反而是福特依赖马自达的地方增多了。

**金井**：是的。

**我**：福特方面当时是不是觉得"反正现在马自达的业绩挺好的,这种改革估计也不会成功,就让他们试试,失败了,就再用资本的逻辑叫停就好了"。

**金井**：谁知道呢,不清楚呀。

**我**：不知该不该说是历史的讽刺,福特的经营状况在2008年9月发生的雷曼危机后急转直下。2008年11月,福特为缓解资金问题出售所持的马自达股份,其持股比例下降至13%。到了2010年,其持股比例只剩下3.5%;到2015年,彻底归零。"创新制造"终于再也不用担心被福特"叫停"了。

**金井**:所以说,我们的运气比较好嘛(笑)。

## 改革的最大成效无法在数字中得到体现

**我**:2011年年末,马自达发布题为《马自达"创新制造"》的宣传片,介绍了改革的概要及成果。其中在讲到马自达提升研发效率的效果时认为,"研发为30%以上""SKYACTIV发动机为70%以上""车身为20%以上",同时"车身(驱动及附加装备除外)成本降幅为20%以上",而发动机也较现行发动机有所改善。

**金井**:事实上"创新制造"带来的最大成效是无法用数字体现的。我在前面提到的开发和生产方面展开过交流讨论,这种交流在整个公司得到广泛而深入地推进才是最大的成效。这种交流不只限于开发、生产部门之间,质量、物流、采购甚至供应商之间的交流都增加了。我曾严格要求不论是哪个部门哪个公司，都要从制订目标开始便展开充分讨论，甚至我还因此批评过他们。

**我**：是吗？被金井先生训斥的不只是开发部的人吗？

**金井**：提出设想的团队领导是开发部的人，但团队里也有生产技术部、采购部的人，有时还会有供应商的人在。往往是他们把计划提交给我后，便立刻遭到我的批评，例如我会告诉他们"这里你们要再互相商量商量""生产和开发的人要多共享信息，拿出点好想法来"。

**我**：想象一下被金井先生批评"不这样做怎么可能成为世界第一？你们不想带给所有人惊喜吗？"感觉压力好大……

## 共通的体验创造出跨部门的人际关系

**金井**：既不能只依靠开发部门，也不能全按生产部门的意思来。这样一来，团队内就会逐渐形成共享问题的氛围，沟通的方式也会发生如下改变："哦，原来开发部是想这么做啊。那我们就改成这种生产方式吧""这个零部件改成这样，不仅能提高性能，生产起来也省事，还能降低成本"。相互之间的交流变多之后，大家甚至会讨论起"我们能够提供给顾客什么价值"这种问题。如此一来，大家就从只顾自己部门利益的思维方式中跳了出来。

**我**：也就是从相互较量变成了拧成一股绳，共同进步了。

**金井**：开发部门也开始明白生产部门的价值观、要求和各种说法了。由此，更多好点子也能催生出来。大家都能够更好地相互理解了。

通过这种共通的体验，员工之间的人际关系得到了改善。如此，当一件事决定下来，而后又需要再次展开商议时，大家也能迅速沟通好。

**我**：如此一来，各个部门都有一部分人了解事情的经过，且都能做到相互理解。我想大家应该都能感受这种局面的来之不易吧。

**金井**：这样持续了一段时间后，渐渐地在开会的时候，我们甚至很难分清一个人到底是开发部门的还是生产部门的了。

**我**：生产部门的人会站在开发部门的立场说话，开发部门的也会站在生产部门的立场说话，是吗？

**金井**：是的。在一次（开发工作）会议上，有位员工的发言特别出色。一问才知道，他就是生产技术部的员工，这让我感到惭愧的同时，也觉得大家真正做到了打成一片。

**我**：嗯，这是很具代表性的一个例子。

**金井**：尝到甜头后，我们从2008年开始安排开发部门的所有新员工进行大轮岗，入职的前3年分配他们去开发第一线（车辆、驱动开发总部）工作。然后，从2013年开始，生产、质量、信息技术（IT）技术部门的新员工也同样要在入职前3年去开发一线轮岗。现在想想已经过去10年了啊，晋升比较快的人现在可能都升任主任了。当初因为轮岗而同在一个部门工作过的人，慢慢变成各个部门的领导。想想就令人期待。

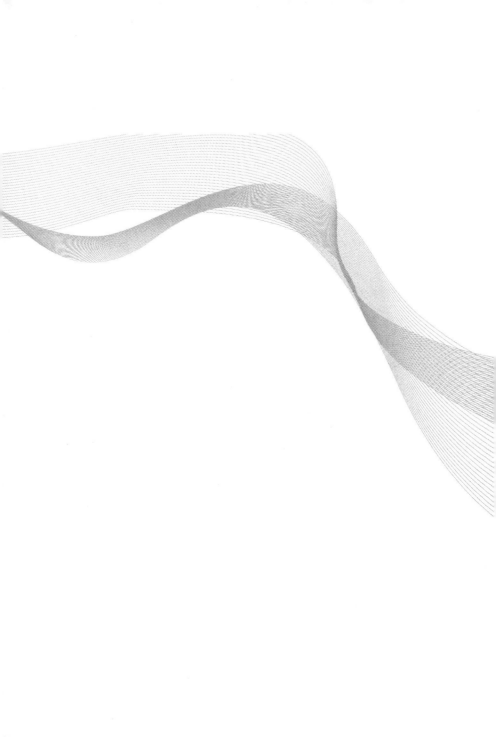

第九章

雷曼危机袭来

## "应该继续这样做,毕竟没有其他更好的方案了"

得到福特的默许后,马自达于 2007 年 3 月发表"可持续'Zoom-Zoom'宣言",提出"为所有客户提供愉快的驾驶体验与优秀的环保及安全性能",并于翌年 6 月公布"马自达将于 2015 年前将平均燃油费降低 30%"。然而人们对此的反应是"马自达是没有开发混合动力汽车和电动汽车的经费,才想从改善内燃机入手提高环保性能。"

**金井**:"可持续'Zoom-Zoom'宣言"是我们表决心的宣言。我们追求的是低油耗、高效率、优秀的环保性能。为此,马自达将彻底改良内燃机放到了首位,致力于只加入最低限度的电气装置来达到环保要求。并且,不仅要在低油耗上实现突破,还要兼具愉快的驾驶体验及实惠的价格,目标是成为世界第一。马自达为达到这一目标而做的业务改革就是所谓的"创新制造"。

**我**：历经 12 年，今天重新解读才发现，原来当初马自达竟是如此明确地宣布了自己要追求的目标，且其中大部分都已成为现实。

但实话说，在当时的环境下，包括媒体人在内的所有人，大概都会觉得一个被福特收购了的厂商，竟然在说什么"更新全产品线，更换所有生产设备，不依靠电动汽车也不依靠混合动力汽车就能保证环保性能，还要提供最好的驾驶体验"，这实在有些大言不惭。

**金井**：我们当时也是很无奈。明明自己说得很认真，但只是嘴上说出来，大家都不怎么相信。这让人挺感慨的。

**我**：我有几个记者同事出席了当时的"可持续'Zoom-Zoom'宣言"发布会，我专门采访过他们对那场发布会的印象。

**金井**：哦？他们是怎么说的？

**我**：他们说"只记得当时马自达说了一堆很深奥的东西，但却搞不懂他们在说些什么"。

**金井**：原来如此（笑）。我们当时是想展示"马自达今后将如何生存下去"的路线图，但即使发表了"要追求内燃机的极限，力求世界第一的性能"这样的豪言壮语，大多数人的反应还是不相信。半信半疑算好的了，绝大部分人都是一信九疑（笑）。

大家基本都是那种反应，因此完全没有给大家留下什么深刻的印象。好在经营层能够理解我们的计划，所以我们才能够做出那样的宣言。不过，公司内部的绝大多数人也都是抱着怀疑态度的。

**我**：先是马自达内部，然后是母公司，最后是公众，感觉一直在碰壁呢，总是得不到理解。

**金井**：是啊（笑）。

## "时至今日还研究内燃机？现在已经是混合动力汽车和电动汽车的时代了吧"

**我**：您觉得大家不相信马自达宣言的原因是什么呢？

**金井**：我觉得大家不信任的最主要原因是我们的战略是追求"内燃机"的极限。

**我**：确实，毕竟当时大家对汽车行业的认识基本都是"应该尽快效仿丰田转向混合动力汽车"吧。

**金井**：当时普锐斯（Prius）风靡市场。2007年依然是丰田的混合动力汽车称霸市场，我们当时认为，"这种现状下与其再去跟风生产混合动力汽车、电动汽车，还不如追求内燃机的理想燃烧，然后应用到全部车型中。这样对环保的贡献更大"。但大部分人听了我们的宣言只会觉得"马自达是因为没有资金生产混合动力汽车才只得去改良内燃机的"。

**我**：大家觉得马自达是想做混合动力汽车却做不到，为了面子才这么说的。

**金井**：不过，我们确实也没有资金（笑）。无论是在当时还是现在，大家都有一个误解，那就是"环保等于电动汽车等于混合动力汽车，将来是电动汽车的天下"。

举一个我常用的例子吧。比如现在有一项能够削减10%二氧化碳排放量的技术，只需要花费 5 万日元就可以应用在一辆汽车上。而另一项能够削减 50% 二氧化碳排放量的技术需要花费 50 万日元才能应用到一辆汽车上。从技术上来讲，肯定是第二项技术比较厉害，将第二项技术应用到 20 辆汽车上削减的二氧化碳排放量，换做第一项技术需要应用到 100 辆汽车上才能达到同样的减排量。

但换个角度看，从成本上来讲，在削减同等二氧化碳排放量的条件下，将第一项技术应用到 100 辆汽车上只需要 500 万日元，将第二项技术应用到 20 辆汽车上就需要 1000 万日元。从社会角度讲，成本越低越容易普及才更好。第二项技术要涨价 50 万日元，也很难应用到低价车上。但是第一项技术可以应用到全产品线上，也就是可以削减更多的二氧化碳排放。

**我**：比起开发新的电动汽车或者混合动力汽车，把现有的汽油发动机或柴油发动机替换成更减排的新型发动机，环保效果反而更好。毕竟可应用数量完全不在一个量级，这也是自然的。

**金井**：你知道吗，美国环保部门每年都会发布全美各制造商的平均燃油费，马自达将汽油发动机替换为"SKYACTIV-G"、柴油发动机替换为"SKYACTIV-D"之后，从 2013 年开始连续 5 年都稳居榜首（2018 年因微弱差距居第二）。虽然我们"追求内燃机的理想燃烧能为环保做更大贡献"的想法比较朴实，但事实也证明了这一想法的正确性。

还有一些人存在"那种内燃机真的能造出来吗？就算造出来了也没什么大不了的吧"这样的想法。尤其是日本国内，很

逆转经营：
马自达的自救突围之路

多人觉得即使造出了这种发动机，以后的主流肯定也还是混动或者电动，新型发动机不会掀起多大波浪来。就算我们一再解释"不止这样，发动机创新之后踏板的位置、前窗视野、安全设备等方面也会成为世界第一"，大家的反应也还是"好像都不是什么能让人眼前一亮的优点"（笑）。

**我**：我注意到您的笑近乎苦笑。不过当时那场发布会上，如果在宣传完发动机改良之后，能再重点宣传一下马自达"将来也会开发电动汽车"，也许就能刷新大家对马自达的印象了吧。我仔细看了当时的宣传资料后，发现其实马自达是把混合动力汽车放在了中长期战略里，把电动汽车也列入了未来目标中。

## 公众对电动汽车仍有误解

**金井**：确实。马自达从来没说过只开发内燃机。2005 年，我们制定了"积木战略"，计划"从怠速停止机构开始，切实推进能量再生、电机技术和驱动电动化"。2007 年，我们不断强调驱动电动化的基础是内燃机和电机，所以必须要对内燃机进行彻底改良。

**我**：但得到的反应却是"时至今日马自达竟然还要费力改良内燃机"。回想一下 2007 年，您有什么感想呢？舆论对电动汽车的期待越来越高了。

**金井**：您刚刚说舆论是倾向于电动汽车的，可能事实也确实如此。媒体也好，一般的消费者也罢，可能都会觉得未来汽车的趋势是电动汽车。现在这种氛围可能比当年更甚。但是，无论是当年还是现在，我对电动汽车的这个趋势及发展速度都是持怀疑态度的。

**我**：但是，从报道上来看，被马自达视为目标的德系三巨头，尤其是宝马，应该都在加速实现电动化吧？

## 电动化不等于电动汽车

**金井**：关于这点，我也不太清楚那些德国制造商的想法。但是，这是技术人员还是经营层说的呢？以前也出现过技术型公司转变成营销型公司的例子，而且是我一直很尊敬的公司。就我个人来讲，我不太相信一位一直倾尽心血研究动力系统的工程师最后会得出"电动汽车时代就要到来"的结论的。

马自达其实也在朝电动化的方向发展。电动化是无法避免的趋势，也没有必要去避开。不用只依靠发动机，如果在电机的协助下能够保证优秀的驾驶体验，那就完全可以去做。我们也会生产纯电动汽车。但在此之前必须提升内燃机的性能。电动汽车不可能在一夜之间替换掉所有的汽车。一个汽车领域的工程师不会做出武断的结论。"电动汽车也很必要，但眼前最该做的还是提升内燃机性能"才是一个理性工程师的判断。我的这番话好像有点危险（笑）。

**我**：您为什么能如此确定呢？

**金井**：我觉得媒体说话都是说一半藏一半的。对于自己没有亲身尝试确认过的事情，我都不会相信。在发表"可持续

'Zoom-Zoom'宣言"的时候,我们曾经提到过氢能发动机。就像我之前说过的,关于这种发动机,我们也是做过试验的。当时,我们专门拿到挪威试验了两年,然后得出的结论是"这种发动机对马自达来说风险太大"。电动汽车也是如此,我们是在实际生产、销售,以及试验的基础上,才得出了"目前还不是时候"这一结论的。

我们研究了电动汽车,并基于销售经验才得出了"阶段性转变更好"这样的结论。因此,我们还是应该从更切实、能得到实际收益的事情开始做起,这样公司才会更稳定。其他汽车公司都迅速把发动机技术员转换到混合动力汽车、电动汽车方向上,导致内燃机研究人手不足。其实,从某种意义上讲,这种情况对我们更为有利,因为这样就更能凸显我们的长处了。

**我:** 确实。

**金井:** 如果经常看那些汽车公司的发布会,就会发现一件很有意思的事,他们总是说"今后要开始转向电动汽车",其意思并不是"只做电动汽车",而是不再"只做内燃机汽车"。也就是说,内燃机+电机(HV)也是可以的。那我们也可以说,"马自达要在2030年前淘汰只有内燃机的汽车"。

**我:** 那说不定会被媒体写成"内燃机之王马自达终于放弃了内燃机汽车"。

**金井:** 明显的断章取义嘛(笑)!但是,我觉得如果我们做的这一切能为行业提供一些启发的话,也不算白费(马自达于2018年秋季宣布"将在2030年前完成全线电动汽车化")。

**我:** 今年,也就是2019年,马自达将在汽车上搭载新一代汽油发动机"SKYACTIV-X",很多人都在关注呢。

**金井：** 这种发动机应用了预混合压缩点火（HCCI）技术，不知效果会如何……不过，其实说到关注，也有两类心态。我想应该还是有不少人是抱着"怎么马自达还在搞内燃机啊"这样的厌烦心态来看待的。

**我：** 在如今马自达的新发动机口碑已经很好了的情况下竟然还会有这种反应，那2007年时的情形就更加不难想象了。

## 发动机的开发完成了，但是……

**金井：** 虽然我们当时坚定地认为只能从内燃机上实现突破，但实际上连母公司福特和日本国内也完全没有"好厉害，期待马自达今后的表现"这样的反应。这是无奈的事实。我们只能自己认真地推进"创新制造"。而最关键的起点就是汽油机SKYACTIV-G和柴油机SKYACTIV-D。

**我：** 这是最关键的起点。不过，您刚刚提到过，2006年的时候已经找到一点技术上的眉目了吧。

**金井：** 对，但是"技术上存在可能性"和"能够量产搭载到商品车上"中间还差着十万八千里呢。贸然将新开发出来的技术直接应用到商品车上，万一卖出去的车再出现什么故障……

**我：** 说起来，在转子发动机刚上市的时候，也因为冒白烟问题让马自达焦头烂额了一阵吧。

**金井：** 在开始量产前，必须保证安全性和性能都足够优秀。

逆转经营：
马自达的自救突围之路

说实话，我当时的想法是，"发动机决定着公司命运，马自达的未来就看新发动机的开发、量产能否成功了"。

**我**：您都说到这个地步了，那我想再问一个问题。其实我听一位了解开发发动机的PT开发总部的人讲，当时的PT部门已经是孤狼化行动了，说好听点是独立开发，说难听点就是"已经脱离汽车整体，成为一个只开发发动机的部门"了。

**金井**：直截了当地讲，当时的PT部门是开发部门中作风最像军队的一个。能不能让新设计的发动机成功走向量产，需要彻底整治人心。所以，当时我和PT开发总部部长羽山（羽山信宏，时任常务）商量之后，决定让藤原（藤原清志，时任产品策划总部部长，现任副社长）来做这件事。

**我**：藤原先生就任总部部长后直言"志向不同的人请尽早提出来，这是为了大家都好，我可以帮你调到别的部门"。这段话非常有名，曾流传一时。SKYACTIV发动机的创造者人见先生（人见光夫，时任先进开发组组长）说过，当时他心里想的是"这次真是来了个难缠的人"。

**金井**：然后藤原和人见一拍即合，两个人一起努力完成了新发动机的开发和量产化。

## 雷曼危机、东日本大地震、泰国大洪灾接踵而至

**我**：然而，就在"创新制造"顺利推进的时候，日本经济突然遭受了重创。先是2008年9月美国雷曼兄弟破产冲击了全球经济，日元汇率急速攀升，这对于出口率很高的马自达来说

是一个重创。紧接着，2011年又发生了东日本大地震。然后，作为马自达重要市场的泰国又发生了大洪灾，生产设备蒙受了巨大损失。

**金井：**马自达的业绩在2008年第三季度（10—12月）再次跌落谷底。2009年3月的财务决算显示，马自达的销售额为25359亿日元，减收9400亿日元，再加上日元汇率升高造成的1020亿日元的汇兑损失，当期的赤字为715亿日元。

**我：**好不容易刚开始投资研究开发和生产设备，准备大干一场，更新全套生产线，这种时候却遇到了这些事。

**金井：**嗯，"创新制造"首先需要的就是向研究开发投资。2007年，我们的研究开发费用相较前4年增长了30%，设备投资增长了50%，2008年3月的投资额为1140亿日元，之后每期的追加投资都在900亿日元左右。

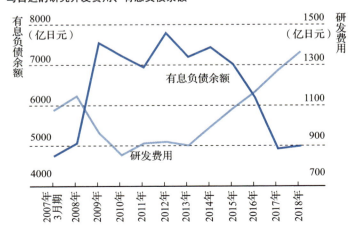

● 在雷曼危机、日元汇率攀升、东日本大地震影响下，投资水平仍然极高
马自达的研究开发费用、有息负债余额

**我**：在刚开始投入巨额资金的时候却遭遇了这些事……

**金井**：为了保证足够的资金，我们只能削减不必要的成本以及从外部调配资金。2009 年 10—11 月，我们通过增资和出售自持股份获得 933 亿日元的资金，2012 年 3 月，我们通过公募增资筹得 1442 亿日元的资金，通过次级债务筹得 700 亿日元的资金。社长和财务部门的人都非常辛苦。我当时说"我们的新车一定能大卖，我们一定会造出好车，请让我们继续做下去"。真的非常感谢那些相信我这番话的人。

**我**：但是，在业绩及市场环境都很严峻的背景下，还能维持高水平的研究开发投资，实在是很了不起啊。一般来说，那种情况下都是最先削减这类开支的吧。当时没人提出这样的意见吗？

## "这种情况下仍继续保持高额投资，真的没问题吗？"

**金井**：当然有了。每次碰到困难就会有人提出"这种情况下仍然继续保持高额投资，真的没问题吗？""至少先把计划推后一点"之类的意见。

**我**：我想也是。那么金井先生您是如何回应的呢？

**金井**：每次他们要求我回应的时候，我的回答都是，"应该继续下去。因为我们没有更好的方案了"。

**我**："没有更好的方案了"，我想提出质疑的人也没想到会听到这样的回答吧？为什么说这是"最好的方案"呢？

**金井**：假如我们放弃需要巨额投资的 SKYACTIV 开发，又还能去做什么呢？开发混合动力系统吗？怎么想都不可能追得上已经在这方面领先 10 年的丰田吧？难不成去开发电动汽车吗？风险只会更大吧？而且，我们也不可能在一夜之间把所有车都替换成混合动力汽车或者电动汽车吧？连丰田的混合动力汽车生产量都只占 10% 左右，换成马自达的话，混合动力汽车的产量最多只能在 10 万辆左右吧。那剩下的 90 万辆车怎么办呢？我们现在做的事情是有可能提升全产品线的竞争力的，100 万辆车都能受益，继续下去才是最安全的方案，难道不是吗？我基本上都是这样回答的。

**我**：……虽然道理上讲得通，但这种话还是很难说出口啊。

**金井**：是吗？我只是把自己思考的结果直白地说出来而已。当然我也明白在公司经营情况比较严峻的情况下，大家想要先把需要花钱的事往后放放的心情。但是，那时候即使节流，也并不意味着之前花的钱都能全部还回来。我们已经投下巨额的成本了，成功的眉目也日渐清晰了，这个时候再削减投资，让开发速度降下来，能有什么好处呢？

推后计划意味着回报也要拖后，收益更少。我是真的觉得，理智思考一下只能得出那样的结果。马自达要想生存下去，没有比这更安全的对策了。

**我**：确实……

**金井**：公司里应该有很多人不太相信我说的话。当时公司内部主要有两种不安，一种是"'创新制造'真的是正确的吗"，另一种是"他们那般吹嘘的技术及生产创新真的能成功吗"。

先说前者，如果放弃重视内燃机这个方案，替代方案只能是开发电动汽车,所以他们一直让我们开发电动车。虽然我一直比较抗拒,但最后还是答应了。最终,马自达于 2012 年 10 月推出了 Demio EV。

马自达于 2012 年开始销售的 Demio EV

## 用事实证明战略的正确性和可行性

**我**:这就是您前面提到过的"也尝试过电动汽车"了吧?

**金井**:不管我如何强调"电动汽车无论如何都不是一个好的选择,不会赚钱的",他们都会反驳说"不可能,别人都在做,我们也必须要做"。我觉得他们是不撞南墙不会回头了,所以就决定用事实说话。话虽如此,在我的坚持下,Demio EV 的试验品数量被从 200 辆缩减到了 100 辆。虽然有点对不起从事开发的技术员们,但那时候对电动汽车进行的研究在后来也派上了用场。毕竟机会难得,于是我们便以跟踪使用状况为目的,将这 100 辆 Demio EV 租赁给了法人机构和政府机关。最后果然不出所料，这完全不是一个好的选择。但那时已经到第六代车系了……

**我**：大家终于相信上马电动汽车还不是时候了。

**金井**：是的，他们终于能理解了。当用理论逻辑说不通的时候，就只能用事实证明。虽然我不想费这个工夫，但有时候也只能这么做。

再说后者，"创新制造"本身的顺利推进是消除人们忧虑的良药。2010年春天，被命名为SKYACTIV的系列发动机新技术问世，我们也对外公布了预计可以在2012年搭载到量产商品车上。

**我**：2011年，搭载了SKYACTIV-G发动机和"I-Stop"怠速停止机构的第五代Demio问世。

**金井**：当时，混合动力汽车的销售业绩非常好，其卖点为"每升燃油可跑30千米"。但那时SKYACTIV的开发也非常顺利，所以我又激励藤原和人见他们。我说"让他们看看汽油发动机也能做到这个数字"，我们在老式汽车上搭载新发动机，推出了搭载新发动机的量产商品车。在他们的努力下，最终达成了30千米的目标。这让我们名声大噪。

"世界第一的发动机马上就要做成了""具备世上最完美驾驶体验的汽车就要做成了""想要成为世界第一的梦想已经近在眼前了"……随着这种现实感越发强烈，公司里的氛围也发生了转变。

不过，在雷曼危机后的那段时间里，经常有人说类似这样的话："你说的'创新制造'是要革新包括发动机、变速器、车

身、底盘、内饰、空调、座椅在内的所有零部件，是要在所有零部件上做到世界第一。如此一来，开发及生产都要花费巨大成本，这是一个不可能完成的目标。因此，至少削减一点投资成本吧。"

## "如有替代方案，就请拿出来"

**我**：出现这种声音也是正常的。

**金井**：投资成本最大的还是发动机，和发动机联动的变速器成本也比较高。

**我**：那议论的焦点就在这两处了吧？

**金井**：是的，这两个地方成本非常高，其他地方的成本就算降了也省不了多少钱。

**我**：是吗？

**金井**：我当时坚持认为"发动机和变速器的成本绝对不能削减"。同时，还认为应当一鼓作气把其他地方的开发也一起做了。

**我**：怎么能这样（笑）。

**金井**：因为就算在其他地方节省，比如车身还是用以前的旧设备能生产出来的，也节省不了多少钱。而且，如果车身不一并创新的话，那么好不容易提高的发动机特性就不能得到完美发挥了。如果有人抱怨，我们就对他说："那只能放弃开发发动机了，真的要放弃吗？"听我们这么说，他们就会犹豫，于是发动机的开发便得到了延续。

我们公司生存发展下去的战略，关键就在新发动机上。所以，我们才在这上面投资。如果有人有意见可以尽管提，有替代方案那真是再好不过了。然而，并没有人能提出替代方案。那就只能拜托大家再忍忍，等到 2012 年第六代汽车的问世了。

**我**：明白了，在您让大家充分提出意见和替代方案的情况下，有关混合动力汽车、电动汽车的要求也没什么说服力了。

**金井**：我想，这类说法只是没有任何意义的"评论"而已。

**我**：只要好好思考一下就会觉得这种"只能算评论"的反对没什么好怕的。不过就我个人来讲，会觉得您说的那些话很容易让人讨厌，不喜欢听。

**金井**：你是为了让别人喜欢活着，还是为了给社会做出贡献而活着？

**我**：啊……

**金井**：这么讲可能听起来有点自以为是。不过，其实我还是有不少朋友的，他们都给了我很大的支持。虽然有很多批判的声音说，我们"为什么不开发电动汽车""花太多经费了"，但也有不少人是支持我们"应该继续做下去"，为我们加油鼓劲的（笑）。

## 奋勇向前，踏上高速公路

**我**：金井先生，您自己是在什么时候感觉到"SKYACTIV 能成功"的呢？

**金井**：2010 年 8 月 28 日，我们把正在开发的技术拿到道路

上做了试验,还把试验车辆运到了德国进行测试。试验车辆车身用的是第二代 Atenza(当前 Atenza 车型已到第三代),但包括发动机、底盘在内的内部零部件全都替换成了 SKYACTIV。我们把它带到了马自达的主要市场,在德国车速 200 千米/时以上的高速公路上进行测试。

其实我在广岛的第三轮试车场上已经试驾过新车,当时感觉很不错,不过不知道在高速公路上表现得怎么样。

**我:** 试车场上和实际的高速公路上的试验结果会有什么不同呢?试车场也能模仿各种路面和突发情况吗?

**金井:** 可以的,但试车场最缺的就是临场感和紧张感,因为试车场是把安全放在第一位的。比如要以 200 千米/时的车速转弯,由于试车场的跑道是有倾斜度的,因此就算没操作好方向盘,车也会自然转弯。所以,试车场会缺少紧张感,很容易让人觉得"哦,这不是跑得挺好的嘛"。

**我:** 原来如此。我还以为试车场都是模仿有难度的路况,没想到是比较容易跑的路况啊。

**金井:** 是的。而且,试车场里也没有并行车和对向车。要是在试车场尝试比较危险的情况,马上就会被人愤怒地叫停;超车的规矩也很严,完全没有普通路况下那种"不知道会出现什么情况"的紧张感。不过正因如此,才能测试出性能的绝对值。

**我:** 我明白了。那我们再回到刚才的话题,把试验车带到充满紧张感和临场感、不限速的德国高速公路上试验之后,结果如何?

## 瞬间超越德国车

**金井**：我印象最深的是开着一辆 2.2 升柴油发动机车型在高速公路上跑的时候，那段路是不限速路段和限速 120 千米/时的路段交替出现。在限速区间的时候，我是在最左边的超车道跑的。我想着"马上就到不限速路段了"，于是便耐着性子把车速稳住，这时一辆名牌德国车趾高气扬地冲了上来。

**我**：好像在说"赶紧让道"。

**金井**：我就想"等着瞧吧"。然后，在开到不限速路段的瞬间猛踩加速踏板，全速前进。结果，那辆德国车眼见着就越来越远，马上就看不到了，再也追不上我了。

第一代 CX-5（2012—2016 年）

当时最高车速应该开到 250 千米/时了。到现在那也是我开过的最高时速纪录。而且，当时完全不会紧张到手心出汗，跑得非常畅快。

我：太棒了，终于把那次"高速公路之辱"还回去了。

金井：嗯，那次并不是最终结果，因为我们马上要推出搭载最新 SKYACTIV 技术的第七代新车了，会更厉害的（笑）。

我：2012 年 2 月，令人期待已久的第六代车系中的第一款新车 CX-5 上市了。

## 为什么不先从阿特兹开始

我：不过我想再说点题外话。为什么没有选择"Zoom-Zoom"的 1 号车新阿特兹作为第六代车系的首发新车呢？

金井："创新制造"的开发包括"统揽策划"和"通用架构"，第六代的所有汽车最关键的部分都是一样的，谁先谁后都不是问题。这么说就有点像场面话了，其实大家多多少少都会觉得应该"先从阿特兹开始"，所以当初宣布"从 CX-5 开始"的时候，在场的人都很惊讶。

我：果然如此。

金井："统揽策划"的开发基础车身和发动机是用于阿特兹的 2 升汽油发动机和 2.2 升柴油发动机，且在德国已经试验过，因此大家都自然而然地觉得会先从阿特兹开始。

其实，选择从 CX-5 开始是出于经营上的考量。因为，那时候全球市场上 SUV 人气正高，又是以前没有过的车型，不太会出现马自达汽车之间互相残杀的情况。如果出了新型阿特兹，那么正处于销售阶段的车型不就要受影响了吗？但如果是 CX-5 的话，不仅不会产生矛盾，还能增加营业额。我们当初是这么期待的。推出不对旧车型构成威胁的新车型对于制造商来说是很重要的。马自达在这点上做得最成功的是第一代 Roadster。

我：原来如此。

金井：而且计算机模拟的进展也很顺利。和阿特兹比起来的话，CX-5 也就是座位变高一点、离地高度高一点而已，基本性能都是可预测的。

我：都是在"创新制造"框架下造的车，要不是这样反倒不行吧。

金井：是的，那也是我们想要达成的目标之一。既然阿特兹可以，SUV 肯定也行。不过，现场确实还是有不少人很吃惊。我们决定从 CX-5 开始，是在德国试车之后，大概是在 2010 年的时候吧。

我：就这样，第六代马自达汽车由 CX-5 打头阵，开始了它的大变身。正如刚才我们提到过的，马自达从这时起到 2018 年共在日本国内上市了 8 款新车，再加上日元汇率重新走低，马自达的业绩骤然好转。但在当时的情况下，金井先生您是抱着怎样的心情在等待着 CX-5 上市的日子，即 2012 年 2 月 16 日呢？

## 向世界证明 CX-5 有多认真

金井：非常担心。不对，当时的心情其实更接近祈祷。

因为我当时认为，只要 CX-5 能获得成功，就基本可以保证后续的第六代所有车型都能成功。如果有人问我 CX-5 怎么样，我会说我找不到它失败的理由。不，应该说我想不到它失

败的理由。

**我**：您非常自信。

**金井**：是的。

**我**：其实我在2012年的时候，真没想到CX-5能卖得那么好。当时我朋友买了，我也试着开了一下，觉得非常好。但我不确定市场能否理解它的优越之处。我当时想，"在这个以耗油量和价格选车的时代，生产出这么实诚的车，风格看起来中规中矩，马自达这样真的没问题吗？"不好意思，我说得可能太直白了。

**金井**：我担心的地方其实就是您刚才说的那些。我们造这辆车的目标是成为世界第一，从2006年就开始了前期的研发，从结构平台到发动机再到底盘，都是真正意义上的全面创新。客户只要试开一下，就一定能体验到从前的日本车提供不了的体验。我们有这个自信。设计上也是，虽然没什么特别令人眼前一亮的地方，但也完全没有缺点。而且，别看它看起来可能中规中矩，但我们在设计上也是真的用了心的。

**我**：不好意思。

**金井**：不，没关系，您所说的也是我一度最为担心的地方。由于CX-5不够抢眼，因此谁也不能保证它真的能得到市场的好评。

**我**：我想说的就是这个。

**金井**：嗯，我也担心这一点。由于我们实行的可是"统揽策划"，因此CX-5如果不能得到良好的反馈，这就意味着后面推出的新车也很危险。我当时想，要是真变成那样，就只能由我来担责了。

但是，俗话说是"金子总会发光"，只要真的是用心做了的……这话我自己说可能不太好，但却是天经地义的。当然，这样讲又会显得我过于自负，可能会招来反感，但真的不是我自吹自擂，我们确实是非常认真地在制造好车。可能我认真得都有点过头了，但我相信我们的社会还是会为这种认真买账的。

要承认好东西就是好东西。要有这样的社会环境，首先需要市场上存在好东西。不论是制造商还是消费者，都应该向这个方向努力。至少我们是决定这么做的。我们的觉悟就是这样的。如此才是健全的企业、健全的社会，不是吗？

我希望我们的社会是一个能承认好东西确实是好东西的社会，也希望自己是其中的一员。我就是怀着这样的心情，祈祷着CX-5能大卖。最后万幸的是，打头阵的CX-5比我们预想中的更受欢迎。

**我**：我也为自己的愚蠢认知感到惭愧。市场比我认为的要健全得多。

**金井**：那我要讲的大概也就这些了吧？

**我**：啊？

**金井**："创新制造"虽然还在继续，但我主导的工作也就到CX-5发售为止了，之后马自达便进入了下一个阶段。后面的事情您去采访在马自达一线工作的人吧。

**我**：不不，请您稍等一下。

第十章

# 马自达成功点燃了
# 客户的热情

逆转经营：
马自达的自救突围之路

## 区区 7 年而已，仍要继续努力

**我：** 我还想请教一下您关于马自达品牌方面的想法。据说马自达在执行"五大销售渠道"之时，基于"马自达"这一公司名称的品牌价值不大的考虑，没有让"马自达"三个字出现在"Eunos"和"Efini"两个车型的销售渠道中？

**金井：** 这一决定确实有些过分，自己对自己公司都没有信心。

**我：** 不过，自 2012 年销售第六代车型以来，马自达再次重视起了自身的品牌价值。

**金井：** 是的，大约从 2012 年开始，也就是推出 CX-5 前后吧，马自达重新捡起了品牌战略。不过，要想让客户认可马自达这一品牌，就需要研发部门、生产部门、销售部门共同坚持贯彻"Zoom-Zoom"战略。事实上，我认为所谓品牌就是企业坚守对客户做出的承诺。

**我：** 是的，品牌是靠遵守承诺建立起来的。

**金井：** 马自达追求的在于造出的每一辆车都是好车，而不是厚此薄彼。愉悦、舒适、安全的驾驶体验是马自达向客户做出的承诺。不过，如果我跟你说"马自达目前在售的所有车均能给你带来愉悦、舒适、安全的驾驶体验"，你应该不会受到很大触动，不是吗？

**我**：是吗？为什么这样说？

**金井**：马自达向客户做出的这一承诺不能靠一两个精品车型来兑现。一旦做出承诺，就要永远坚守。CX-5及第六代车型绝非绽放的焰火般昙花一现。我们从一开始便下定决心，绝不轻言放弃，非要干出个模样不可。马自达除了沿着这条路走下去别无选择。正是由于看到了这些，马自达向客户做出的承诺才显得更加有热度。

当然，马自达目前生产的每一辆车都是精品，都兑现了我们向客户做出的承诺。只要我们坚持不懈地做下去，不久就能够将这一承诺浸润到每个员工的内心深处，也能让客户相信我们，觉得我们言出必行。

**我**：那如此说，马自达赢得客户的信任了吗？

## 马自达争取到的信任还远远不够

**金井**：只能说正在赢得吧。到目前，也就是2019年，也不过区区7年时间嘛！

**我**：嗯，确实如此，第一代CX-5问世至今只有7年时间。

**金井**：即使从马自达对外发布"可持续'Zoom-Zoom'宣言"算起，也不过12年嘛！

**我**：话虽如此，大家看待马自达的态度还是发生了很大变化。

**金井**：不能这么说，差得还很远。虽然人们看待马自达的目光有所改变，但还是为数不多。如果说一下大概比例的话，也就是从10%增加到了15%吧。也就是说，这15%的人对马自达是充分信任的。当然，这个比例或许并不准确。

**我**：我听说有不少德系三大汽车品牌的用户把车置换成了马自达第六代汽车。

**金井**：确实有变化。例如，首辆车便选择马自达的客户确实在增加，但客户数量还是太少。不过，以前对马自达略知一二的人现在对马自达已经非常熟悉了。还有那些以前对马自达略有兴趣的人变得对马自达兴趣浓厚了。再者，以前对汽车品牌没有特别倾向的人开始认可马自达了。我想说的是，质变在前，量变在后。还有就是认可马自达的客户数量虽有所增加，但我们的市场占有率还不尽如人意。

**我**：市场占有率虽然还不够理想，但对马自达汽车质量的好评却在增加。

**金井**：照此下去，马自达或许能够取得长足的进步。一旦到了质量有口皆碑的那一天，马自达汽车的竞争力也就上去了。当然，我们从一开始便瞄准了质量世界第一，但我们会精益求精、止于至善的。到那时候如何提高马自达汽车的竞争力将是我们的主要任务了。

## 饱满的热情具有巨大的感染力

**我**：您刚才提到希望这个社会成为一个以质量作为衡量标准的社会,所以我想知道马自达在第六代汽车对外宣传上是否发生了很大变化?或者说是否有过刻意的安排?之所以这么问,是因为我于12年前就"可持续'Zoom-Zoom'宣言"采访马自达员工时,他们中的很多人都表示"太难理解了,我也不清楚到底什么是可持续'Zoom-Zoom'宣言"。

**金井**：是吗(苦笑)?

**我**：不过,到了采访马自达第六代汽车时情况就大不相同了。我在每次采访中都深深感受到了马自达员工的健谈和话语中饱含着的热情。特别是马自达的工程师们特别能谈,有种一开口就停不下来的感觉,甚至有时候还有人向我抱怨采访时间短呢。

**金井**：是吗?

**我**：是的是的,我遇到过这样的工程师。我感觉他们不是临场发挥,而是平时便有所思有所想,所以在采访中才会滔滔不绝。

**金井**：这就对了,这就对了。我也同意您的看法,平时不思考的话,采访时是不可能说出什么有深度的话的。

**我**：也正因为受采访的马自达员工充满热情,所以那篇报道也显得激情四射,自然在读者当中引发了强烈的反响。例如,有读者表示"我也想像马自达员工那样充满激情地工作",也有

逆转经营：
马自达的自救突围之路

读者表示"有如此热情饱满的员工，马自达的汽车也一定错不了"。你看，读者们关注的已经不再是采访内容，而是将心思放到了对马自达的评价上。汽车研发人员的热情会通过语言感染读者，并激发人们对马自达产品的兴趣，进而提高马自达汽车的销售业绩。这就是口碑嘛。而马自达的员工也会因此而备受鼓舞，必然激励他们以更大的热情投入到工作中。我感觉马自达已经走上了这么一个良性循环的轨道上。

**金井**：是吗？那就太好了！

## 不要担心研发人员笨嘴拙舌，要让他们开口说出自己的想法

**我**：马自达的品牌形象之所以能够得到提升，是不是和马自达忠实粉丝的增加有关？毕竟这些人会不求回报地力挺马自达。刚才您也提到，选择信任马自达的人的比例从10%增加到了15%，这些人对马自达的理解和感情肯定是非同一般的，而他们的扩散效果应该也是十分显著的。我想知道马自达是不是事先考虑到了这些才把技术人员推到前台，让他们说出内心想法的？

**金井**：人们能够充分理解马自达是件令人高兴的事情。但马自达会安排技术人员对外宣讲吗？这恐怕要问问宣传部门的人了。

**（现场的宣传部门负责人）**：我记得当时宣传部门制订了一个名为"insideout"的计划。当时我们的想法是，尽管研发人员

不善言辞，但还是要让他们说出自己的看法。）

**金井**：原来如此。不过技术人员往往容易大谈空谈理想，我听说也有人在驾驶了我们的汽车后表示"马自达的汽车名不副实啊"（笑）。话说回来，最近他们口中倒是能说些落地的内容了。

**我**：我也想知道您自身对马自达第六代汽车的评价。

**金井**：要说我自己的看法，大约最近两三年，人们对马自达汽车的评价在发生着一些细小的变化。例如，有人说"马自达的踏板设计得更合理了"，也有人说"马自达的车视野很好"。这些评价虽然显得并不是那么高大上，但却很朴实。同时，媒体上也有不少客观的报道。

研发人员能够说出自己的真实想法自然是再好不过的。不过，我觉得关键还是汽车本身，只要质量好，即使我们不说什么，人们在驾驶过后也能体会到马自达的热忱。我想至少从 **CX-5** 开始，马自达汽车能够带给用户这种体验。

**我**：话虽如此，如果我在试乘之后对马自达汽车一番夸奖，您会怎么回应我呢？我想大概您会说"哪里哪里，我们需要改进的地方还很多"吧？不是吗？

**金井**：制造业就是这样，随着新产品的出现，新的知识、新的经验就会不断得到积累，视野也随之扩展开来。之前未能发现的缺点也会随之浮出水面。因此，正如您所言，我们需要改进的地方还有很多。或者说，正是因为我们认真思考了，需要改进的地方才会多起来。

## 路遥知马力

**我**：原来如此……您的意思是说，只有付出努力，才能获得客户的理解和认可。换句话讲，也就是只要造出好的汽车就能卖出去，对吗？

**金井**：不是的，我的意思是，造不出好的汽车就一定卖不出去。

**我**：……（深受启发）

**金井**：但造出了好的汽车并不一定能够卖出去。要想让人买，前提是要造出好的汽车。那么所谓的好汽车到底好在哪里呢？我认为把人们平时留意不到地方做好才能称得上好。这才是我们马自达人值得骄傲之处。

所以我觉得即使不立刻向客户宣传我们所做的努力也没什么关系。所谓路遥知马力，人们在使用马自达汽车的过程中会从点滴处发现马自达汽车的优越所在。例如，人们在下雪天会发现马自达汽车开起来也很舒服。这些点滴处的浸润、一瞬间的感慨才是最好的宣传。

但如果客户一开始觉得马自达不错，而在使用过程中逐渐发现了马自达汽车的缺点，那就太糟糕了。

**我**：明白了，细微之处现真相。一个不常见的故障或毛病能暴露出大问题。

**金井**：是的，有句话叫友谊的小船说翻就翻。套用到汽车行业的话，那就是信任的小船说翻就翻。

**我**：这种情况在餐饮行业及男女感情中也是很常见的。一个细节的服务不周便会失去顾客，一个小小的动作也可能令爱情失色。

**金井**：是的。因此，我觉得一个人一见钟情的车未必是真正喜欢的车。事实上，我们在试乘时对一辆车性能的了解可能连一半都不到。但在购车后的驾驶过程中会遇到各种情况，例如打开行李舱的一瞬间、使用音响设备的一瞬间都是考验汽车质量的一个个节点。如果汽车质量过关，这一个个瞬间便会不断地令客户满意；但如果质量不好呢？那就会一次又一次令客户失望。事不过三嘛，如果令客户失望三次，那也就意味着失去客户的信任了。

**我**：所言极是。

## 销售环节需要变革吗？

**金井**：其实人们对汽车的感情与人之间的交往是类似的——日久见人心，交往时间长了也就能发现一个人的优点。因此，马自达在研发汽车的过程中，非常注重驾驶体验，也就是注重车与人体动作的匹配度。

**我**：这是一个共享时代，汽车也在进入共享的行列中。在这样一个时代背景下，人们执着于拥有私家车的理由之一或许就在于对车的喜爱。金井先生是不是也希望汽车成为个人专有物，而非共享物？

**金井**：是的。不过这只是我个人的想法，不能用来引导公

司的发展。我现在已经负不起那个责任了（笑）。

**我**：今天的采访原本是打算仅限于制造领域的，但由于涉及了品牌问题，因此我也想请教一下您关于销售的看法。有种说法认为马自达在制造方面虽然发生了巨大的变化，但销售环节却未能跟上变化的脚步。一些媒体报道也指出了这一点。

**金井**：我认为马自达的销售环节值得改变的地方还很多。我想没有谁会认为马自达的销售达到了满分。

**我**：与生产环节不同，汽车从工厂出库到交付经销商的整个过程都可称得上是销售，因此销售环节的革新是不是更难？

**金井**：也不能这么说。目前，销售环节的改革正在获得一个又一个突破。

**我**：那请您谈谈都有哪些突破？

**金井**：大约是在2016年的4月吧，我们成立了一个名为MDI-Ⅱ的服务体系。这一体系将生产环节和服务环节全部纳入其中。我们还建立了一个以客户为中心的服务链条，从与客户的第一次接触，到交车后的维护，再到旧车的处理等都是这一链条上的一部分。也就是说，我们试图将生产环节和客户连为一体。

**我**：MDI是对从企划到生产过程的数字化工程，那么MDI-Ⅱ也就是它的后续工程吧？也就是说，今后的马自达汽车从出生到走入坟墓都将成为公司照顾的对象吗？如此一来，马自达不光车的质量过硬，车的一生都将成为有尊严的、有价值的存在。马自达是想以此培养"铁粉"吗？这样的话，马自达的销售环节也将必然出现巨大变革。

**金井：** 对此我不予评价。这方面您最好不要问我，刚才我不是说了吗，我现在已经负不起责任了（笑）。

**我：** 那"创新制造"这一理念今后还会一样得到贯彻吗？

**金井：** 接下来的 10 年、20 年已经不是我能考虑到的了。我的预感是，汽车产业以后的变化之大是绝非今日可比的。既然我们无法想象，那就交给下一代来解决吧。

不过，相较公众营销及以大多数人的以平均值为标准谋求市场占有率最大化的做法，通过长期贯彻某一理念来推动公司变革的做法更加不容易受到外界环境的左右，在今后也应该是适用的。

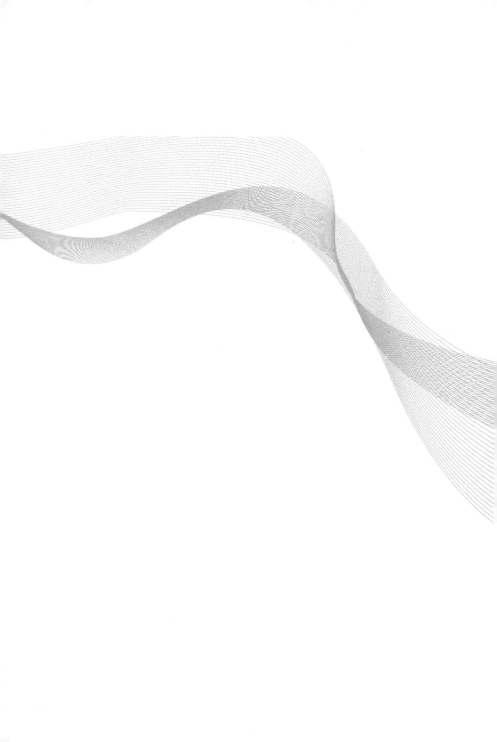

第十一章

支撑"创新制造"的勇气

## 失败是成功之母

**我**：我想请教一个抽象的问题。这个问题是我在采访您的过程中感觉到的一个疑问。澄清这个疑问也有利于读者更好地理解我的采访内容。

**金井**：请讲。

**我**：按照我的理解,"创新制造"对工作方式带来的最大变化是"预先思考"。但您在谈及 PD 管理时却强调思考有时候是件非常麻烦的事情,与其抱头思考不如付诸行动,在行动中思考。您的这番话对我触动很大,仿佛切中了我自己工作中的要害。但是,如果预先的思考错了话,岂不是更令人担心吗?您就那么自信吗?

**金井**：原来如此,明白了。

**我**：当然,您也提到过"错了就及时修正",并且"创新制造"理念中本身也包含着反馈修正的环节。但我总觉得"一旦出现错误就一定会带来无用功",也一定会令人沮丧。大家在工作中畏首畏尾的一大理由难道不是对出错的恐惧心理吗？

**金井**：嗯……百分之百预测风险是不可能的。

**我**：那是自然。

**金井**：我认为百分之百的胜算是不可能的，但是到了某种程度就可以做出决定并付诸行动。快速决定、快速行动才是最好的风险对冲。

**我**：有道理。按照您的说法，思考是重要的，但没必要把计划设想得太过完美，要在实践中检验，实践出真知。

**金井**：一直有人认为日本式经营效率低下，但我觉得这并不是说日本人的工作效率低下，而是决策过程效率低。而中国、新加坡的企业之所以发展迅速，很大程度上得益于企业老板的高效决策。我为什么要特别强调效率呢？那是因为，早做决定就能快速行动，只有行动才能出现失败，失败了才能促使企业早做改变。

**我**：原来如此。

## 早决断、早失败、早修正

**金井**：早决断、早失败这样的说法听起来好像有些奇怪，但我想说的是，如果惧怕失败而畏缩不前的话，反而会造成时间的浪费。再者，决策过于慎重也是不好的，因为一旦出现计划赶不上变化的情况，那么计划就会受到质疑，甚至会陷入即使想中途变更计划也来不及了的困境。

左图为机械式驻车制动,右图为电子驻车制动

在 SKYACTIV 技术的开发过程中就发生过不止一次这样的事例,我在做出某一决定数日后便发现那个决定是错误的,因此不得不进行计划的变更。例如,当时有人建议马自达汽车采用电子驻车制动,但在我的决定下最终使用了传统的机械式驻车制动,实践证明我的决定是不对的。

**我**:不过,我个人还是喜欢机械式驻车制动,感觉更令人放心。

**金井**:话虽如此,电子驻车制动体积小,能够节省出杯架的空间。至于它的安全性能,我觉得也是没问题的。因此,当时我便立刻将机械式驻车制动变更为电子驻车制动。并且,这是一个所有车型共通的问题,及时变更计划将显著提高马自达汽车的竞争力。

再比如,在设计方面也发生过类似的事情。继 CX-5 之后开发的阿特兹(第三代)的设计方案也经历了一个变更的过程。2010 年马自达在意大利米兰发布"魂动设计"之际,我们公布了名为"靭"（SHINARI）的概念车<sup>○</sup>，它的设计获得了极大的好评，样子很酷。

马自达的"三人组"看到"靭"的设计获得好评，便提出可否在设计阿特兹时也可以效仿"靭"的设计理念，即增加柔韧感。

2010年发布的概念车"靭"（SHINARI），为第三代阿特兹提供了重要的设计参考

我："三人组"是什么意思？

金井："三人组"指的是三位设计师，即前田育男（现任常务）、藤原清志（现任副社长）、毛笼胜弘（现任专务）。我起初对他们三人的建议是很生气的，认为根本不现实。但最终在设计人员的努力下，新一代阿特兹外形的柔韧性成功获得到了提高。

## 能否进行临时变更取决于决策是否够早

金井：话说回来，正是由于拥有一经微调便可适用于所有

---

○ "靭"在日语中的意思为有弹性、柔韧。

车型的技术，以及能够迅速进行设计变更和技术模拟的 MDI，才保证了上述尝试的成功。在此之前，马自达对于已经决定了的事情，往往不会进行微调，出现调整也是整体的转向性调整。即使有微调，也是在各个部位设计过程中的微调，而非完成整体设计后的微调。例如，如果在设计研发过程中出现阿特兹与昂克赛拉相似度过高的情况，那么往往就会进行设计变更。

**我**：明白了，在深思熟虑的基础上做出决定是第一步，如果出现什么错误，则马上进行变更，这也就是做好的风险对冲。

**金井**：我曾跟您提到过有关研发 SKYACTIV 技术发动机的话题。事实上，当我们做出研发决定之际，我已经做好了中途进行变更的心理准备，即使两年后出现什么失败，距离第六代汽车的量产还有三年时间，完全来得及进行相关的改良和变更。

我想说的是，之所以能够坦然面对中途出现的变化，是因为我们知道到时候仍是来得及的，这其实就是"备胎"。正是由于有了这样的备胎或者叫 B 计划，我们才能够放心大胆地去执行 A 计划。

**我**：原来如此。

**金井**：因此，我认为没有必要过分担心计划是否能够照常进行之类的事情，越是尽早做出决定，越是游刃有余。

**我**：2013 年 3 月，马自达扭亏为盈，之后实现了 V 字形恢复。就此我想向您请教一个问题。

**金井**：请讲。

第六代汽车销售之际恰逢日元贬值

马自达的业绩变化（合并）

我："创新制造"战略体现在产品上的时间是 2012 年 2 月，马自达的业绩也正是从这一时间点实现了扭亏为盈（详见上图）。然而，日元汇率的变动也是不容忽视的一个因素。您对此怎么看？

金井：没错。日元曾一度升值，但恰恰在那个时机掉头向下了，这对于我们来说无疑是大大有利的。因此，马自达的成功显然是幸运的。单靠我们自身的努力是做不到的。我们很幸运。

事实上，马自达的中期经营计划及 CFT6，以及后来的"创新制造"战略之所以能够获得通过，是与当时马自达的业绩优异有关的。

雷曼危机发生于 2008 年，对马自达来说也是幸运的。如果

"创新制造"战略再晚提出一年,那么SKYACTIV发动机的量产也就遥遥无期了,或许相关的投资也就后延了吧。

**我:** 您说的确实是事实。既有天时相助的幸运一面,也有早决策保证了计划顺利进行的另一面。

## 人要有自豪感和尊严

**我:** 做出决策后,紧接着的就是执行决策。包括我在内的大部分人对于临时变更已经制订好了的计划应该都是有抵触的,特别是当一个计划进展得还算顺利的时候。计划的临时变更会令人变得消极,会让人觉得"反正要变更,那还不如不制订计划"。然而,金井先生却认为计划或者决策是可以变更的。您的这个观点令我耳目一新。这种勇气是谁都能有的吗?

**金井:** 这可不好说。其他人怎么样我不太了解,但我对自己是比较了解的。特别是,我非常讨厌"差不多就可以了""反正有人在做"之类的态度。

**我:** 这种言辞在很多公司都能听到。

**金井:** 倒是很常见,但是很难说都是真心话。包括我在内的马自达人对自身都是充满自豪感的。要想自己对自己保持自豪感,首先在气势上不能输。特别是工程师,是与全世界所有从事同类工作的人竞争,因此他们不服输的心态尤为重要。如果只是一味地山寨别人的先进技术,岂不是太过枯燥无味?

因此,从这个意义上而言,日本是要感谢欧美国家的。日本在历史上曾一度大力引进西方技术,但却遭到了市场的教训。

而后日本才从不断的技术积累中学习创新,提高了自身的技术水平。在这个过程中,日本完全照搬欧美的比重逐渐下降。

日本能够向欧美提供的原创新技术屈指可数,但丰田研发的混合动力汽车却是其中一个。当然,"看板生产方式"等管理方法确实是日本的首创,这是值得我们骄傲的地方。这么说来,马自达的转子发动机也算得上是个不差的原创技术。

**我**:"不差"这种说法是不是太过谦虚了?

**金井**:马自达汽车虽然在勒芒 24 小时耐力赛上取得了世界冠军,但在发动机方面却并不是最好的。因此,马自达取得世界冠军还不能说是完全意义上的冠军。

**我**:不是完全意义上的冠军(苦笑)?转子发动机今后的发展应该也是很令人期待的。

**金井**:是的是的。当然,也有不确定性。

**我**:生活中没有人会主动求败。

**金井**:我在向您讲述"创新制造"战略的时候就说过,人可以承认自己很弱小,这没有什么,但却不能丧失意志,丧失意志即意味着舍弃尊严。不过,即使是心存意志,但受到成本目标、工厂设备等条件的限制而气馁的人也为数不少。这类人在各种条件都具备了之后才会真正动起来。当然,也有一些人在各种条件都具备的情况下,仍习惯极其消极地为自己找借口。

## 借口才是最大的限制条件

**我**:金井先生所讲的"去除限制"实际上是对人的骄傲和

尊严的一种挑战。因为"去除限制"即意味着要不甘示弱、不服输，要有成为世界第一的勇气和魄力。所以，看似给予人自由，实际上是对人提出了更加严峻的考验。

**金井：**是的，确实是更加严峻的考验。如果"去除限制"后做出的工作成果仍不令人满意，还有可能被骂"没有志气"。

**我：**那就更加严苛了（笑）。"没有志气"这种苛责比起"笨""能力低下"的说法更加有效吗？是不是更能刺激到人？

**金井：**说一个人笨，或否定一个人的能力的说法是不可取的。当然，偶尔说一下也不碍事。我倒是经常对人说"没有志气"这样的话。

如果一个人给自己设定目标较低，那就意味着他在给自己找借口。事实上，借口才是最大的限制条件。我们往往认为工作的限制条件来自外部，但实际上很多时候来自我们自己，是我们自己对工作没有做到彻底了解。只有对自身做出挑战，才能在今后的工作中举一反三。

## 主管在新车发售日往往是心存缺憾的

**金井：**车也是一样的。一款新车的主管在发售第一天感受的往往不是满足感而是缺憾感。例如，他会突然发现那款新车的某些瑕疵。这并不是说车本身不好，而是意味着主管作为工程师的水准得到了提高，发现问题的能力也获得了提升，以前没能发现的问题现在能够发现了。因此，一款车总留有可改善的余地，这是个人能力成长的结果。

**我**：从这个意义上讲，心怀志向地去发起挑战的话，成功后也必然留下些许遗憾，即使出现失败也并非坏事。

**金井**：是的。创造性的活动必须超越二律背反，因此在完成某一创造性活动时，看似那个过程中充满了失败，但却是一个实实在在的发现和成长的历程。

在从事创造性活动时，如果从一开始便竭力避免浪费，那就意味着必然自缚手脚，创新性的想法也就很难出来了。但如果丝毫不加限制地去进行创造性活动，则时间和金钱成本又太大。因此，就需要对 MDI 进行投资，先在没有试验品的情况下进行某种程度的测试。

失败不是用来恐惧的，而是用来尝试的。特别是挑战某一新技术，或者从事与人相关的工作时，失败是必由之路。如果视失败为浪费，那么必然造成事业的萎缩，必然永远止步于低层次。要想不断走向高层次，就必须经历失败。

**我**：那是不是没有必要在同一个地方反复失败？

**金井**："不能在同一个地方跌倒第二次"这种说法是很危险的。因为情况无时无刻不在发生着变化，有些失败看似相近，实则相异，这样的失败出现反复并不奇怪。只要从每次失败中有所思有所学就可以了。

## 失败有两种

**金井**：有一次我们就产品研发过程及规则制订了一个报告形式的指导性文件。然而，文件制订好后却发现无法使用了。

**我**：为什么呢?

**金井**：因为计划赶不上变化。产品因时而变,时代在变,竞争对手也在变,我们不得不频繁更改规则以适应变化。因此,我觉得在当今这个时代,耗费精力去制订一个指导性文件是有些浪费的。我们只需要在出现失败时把影响降到最低就可以了。

**我**：那您在工作中遇到的最惨痛的失败是什么呢?

**金井**：先从一个小的失败说起吧。我曾经绘制过一张有关汽车管线配置的图纸,在绘制过程中我将第一角法和第三角法搞反了,因此管线的弯曲方向也就完全反了。工人在实际配线时发现并向我指出了这个问题。这就是我犯过的一个低级的不可原谅的错误。

再说一个大的失败。我在设计某一车型的车轮转向装置时参考了之前一款车上用过的设计方案。当时我的想法是"在此基础上做些改进的话,就能将其性能提高很多"。结果我的一个改动却影响到了另一个转向装置的其他性能。更糟糕的是我未能及时发现问题,那批车就那样进入了市场。这对我而言是一个惨痛的失败和教训。经您这么一问,我以前经历过的失败好像全部都浮现在了脑海里。回想起来我是很多不合格品的设计元凶啊!

**我**：金井先生的"失败观"是怎样的呢?或者说您是如何看待失败的,又是如何从失败中走出来的,能请您谈谈吗?

**金井**：我对失败的看法很简单。即使失败了,公司并不会因此而倒闭,失败者不会被杀掉也不会丢掉饭碗。要说影响,也仅仅是周围人对失败者的评价会有所改变吧。

**我**：那人们对失败者会有怎样的评价呢？

**金井**：在回答您的问题之前，我突然想到失败应该有两种。其一为意识到的失败，其二为不小心的失败。意识到的失败是在做某一工作时便隐约觉得有可能失败，但是还是要一试为快。不小心的失败是完全未意识到的，当失败时会令人大吃一惊的。例如，一名赛车手想超车却与对方撞到了一起，这样的失败应该是意识到的失败，它与单纯的驾驶失误还是有所不同的。

**我**：没错。就像赛车手佐藤琢磨说过的"没有触碰，就没有机会"。

**金井**：发明大王爱迪生不是说过吗，"人们都说我爱迪生失败了700次，但我觉得我并没有失败，而是发现了700个不正确的方法"。这话是不是很酷？我觉得这样看待失败岂不是很好？

**我**：这么说来，"失败"是可以分为很多种的。如果不做出决策自然就不会出现失败，即使失败了也可从中学到很多。但未经思考而引起的失败则只能造成返工的结果。

**金井**：所以不能将所有的失败都以"失败"二字来概括，而是应该分为"经过思考的失败"和"未经思考的失败"两种。当然这种表述方式还不够准确，日语中很难找到合适的说法，英语中有吗？我目前还没有找到比较精确的词语。

**我**：但如果经过了一番思考和一番努力，却因最终失败而受到责罚的话，那将令人心灰意冷。

**金井**：这种情况下是不能责罚人的。因此，早失败是很重要的。要鼓励人早做决定并尽早付诸实践，这样问题点也就会及早暴露出来。出了问题也没什么大不了的，重整旗鼓就可以了嘛！虽然一时的失败会造成当事人一定时间的浪费，但却能帮助其收获成长。

## 马自达的"合理性"

**我**：我觉得马自达的"创新制造"在不断将"常识"化为"合理性"的同时，也在实际工作过程中共享信息、扩大信任。最为重要的是，马自达愿意花费一些时间和成本来保证工作的流程和进度。因此，马自达非常……

**金井**：非常什么？

**我**：非常合乎情理地推动着工作。进一步讲，马自达是在深思熟虑的基础上确定下将要执行的内容，并提前做好充足的准备。马自达有着明确的目标，且为了实现目标能够迅速找到哪方面资源不足，并为了弥补相关不足而舍弃其他一些优先度不高的部分。这就是非常合乎情理的。

**金井**：没错。对于 IT 企业及初创公司而言，不断激发大的变革可以称得上是其生存的生命线，也是这个社会上所有企业的常识。变革有跨越式变革和渐进式变革两种，跨越式变革就像蚂蚱跳跃，渐进式变革就像青虫缓缓爬行。毫无疑问，跨越式变革更能吸引人的眼球，看似意义更加重大。但如果所有公司都进行跨越式变革，那社会岂不是要陷入一片混乱吗？因此，一只蚂蚱高高跃起，一百只青虫缓缓而行才能达到平衡。

## 变革既需要"蚂蚱",也需要"青虫"

**金井**:IT 企业的革新频率高和影响大,因此仅靠青虫式的变革是不行的。但在员工规模庞大的公司里,如果仅注重蚂蚱式的跨越式变革,那么将很难获得成功。

**我**:我知道马自达曾经对"世界第一"非常钟情,那时候的马自达是不是对跨越式变革有些偏重?

**金井**:并不是只有蚂蚱式的跨越式变革才能争取到世界第一,青虫式的渐进式变革同样可以做到。只要目标够高、志向够远,坚持不懈地朝着世界一流而努力,那么达到世界一流的那一天就一定能够到来。如果在这一过程中还能有些原创性的技术,那就可以做到世界第一了。即使没有原创性的新技术,至少保持世界一流是没问题的。

**我**:是的,所言极是。青虫同样可以做到世界一流,也可以到达世界第一。

**金井**:不过,也要具体问题具体分析。例如,我们在实施"创新制造"战略时,就不允许对发动机的技术革新进行青虫式的渐进式变革。那时,我曾提出一定要在发动机上使用最新的、他人所没有的技术。要知道,发动机的技术是不能频繁变动的,需要稳定的、长期的技术支撑。因此,我一直希望马自达的发动机技术要做到世界第一。发动机是制造业的核心,因此其技术也需要蚂蚱式的跳跃式变革。

**我**:发动机可以说是马自达技术革新的一个象征,实现了

跨越式的发展，给我留下了深刻的印象。

**金井：** 蚂蚱和青虫对于公司业务的变革都是很必要的。我们既需要完善机制保证现有业务的良好运行，也需要拿出勇气敢为人先。二者缺一不可，不能出现偏颇。马自达是靠数十万员工支撑起来的，如果过度倚重蚂蚱式的跳跃式变革，那么大概不出两年公司将陷入无法正常运转的局面。

**我：** 有一本畅销书叫《被讨厌的勇气》，通过这次采访，我觉得马自达"创新制造"能够成功靠的不是"被讨厌的勇气"，而是"为合理而为之的勇气"。

加以训练或许谁都可以做到合理性思维。然而，合理性的想法往往与这个社会及公司内的"常识"相左，因此人们很多时候很难将心中的"合理性想法"说出口。即使说出来也很难得到认可，反而会因此而陷入孤立的境地。因此，马自达在这样一个时代下能够突破"常识"是很了不起的，这样的马自达造出的汽车怎能抓不住人心呢？按照自己认为正确的想法做下去，这种勇气也是我想要的。

**金井：** 这样的马自达是我希望看到的马自达。无论如何，马自达汽车坚持的是基于驾驶体验的"Zoom-Zoom"理念。

证言

# 藤原清志口中的革新故事

## 立志高目标

以下我们来听一听副社长藤原清志对上述金井先生提到的问题是如何看待的。藤原先生自 2005 年便加入了 CFT 团队，后又以商品策划负责人的身份加入了金井先生的团队。藤原先生负责总结出了"创新制造"这一基本构想，并在使用 SKYACTIV 发动机的前提下完成了第六代车系的策划。2007 年，藤原先生受命担任 PT 开发本部部长，负责研发和量产 SKYACTIV 发动机。

藤原先生大胆启用了 PT 开发本部前期研发部门的人见光夫（现任高级创新专家）。在人见光夫等人的努力下，马自达前所未有地实现了高压缩比汽油发动机（SKYACTIV-G）和低压缩比柴油发动机（SKYACTIV-D）的研发和量产，保证了"创新制造"战略的成功。

马自达副社长藤原清志

**我**：藤原先生在演讲或采访中有关"创新制造"的谈话,以及与人见光夫认识过程的故事都非常有趣。我听说有一次您把您的工作计划拿给金井先生看的时候遭到了金井先生的训斥,说您"没有志气"。

**藤原**：有这回事(笑)。在我向金井先生提出自己要对第二代"德米欧"的研发失败负责时,他让我去充充电。于是,我从 2002 年开始便去了马自达汽车欧洲公司。2005 年,当时负责研发的三个领导,也就是金井先生、金泽启隆先生、丸本明先生(现任社长)三人要求我负责长期战略制定的工作,于是便回了国。

## 遭到金井训斥

**藤原**：所以,我刚回国的时候受欧洲的影响比较严重。当时,德国大众(VW)推崇小排量涡轮增压发动机,我完全被小

排量涡轮增压发动机和双离合变速器（DSG）的组合蒙蔽了眼睛。具体的车名我现在已经忘了，可能是奥迪的 RS 还是别的什么，当时一开上那车，我就觉得"就是它了，只能是它"。

**我**：小排量涡轮增压发动机和 DSG 确实风靡过一段时间。

**藤原**：然后我就说"金井先生，我觉得马自达也只能走小排量涡轮增压发动机+DSG 这条路"。结果被他骂了（笑）。

**我**：为什么要骂你？

**藤原**：一是因为小排量涡轮增压发动机需要另加涡轮增压器（用于将大量空气压入发动机以提高输出，也将增加油耗），这个零部件在价格和重量上都有缺点。二是因为这种设计有迎合耗油量计算规则的嫌疑，在实际使用中其实并没有太多有利之处。DSG 也是一个结构复杂、价格高、重量重的零部件。

最重要的是，其他公司都已经走到量产这一步了，我们现在再去追赶，怎么可能成为世界第一？其实，当时人见先生已经在研究小排量涡轮增压发动机了，后来我问过他，他回答说"这东西想做的话随时都能做，不过没多大意思"（笑）。

**我**：我想知道您当时跟金井先生推进"创新制造"时的内心想法是怎样的？首先是关于 CFT6。我在前面采访中萌生出一个疑问，那就是 CFT 本身对于"创新制造"这样一个严肃认真又特立独行的经营企划是怎么看的？有期待吗？那些议论和提案本来并没有要求那么严格吧？

**藤原**：不，我们是很认真地在推进"创新制造"的。

**我**：不好意思，可能我的问法不太好。我是想说，总结出"创新制造"草案的是 CFT6，但是 CFT6 其实就像它的名字一样,是第 6 组吧?应该是一共有 12 组,而 CFT6 只是其中一组。那除了 CFT6 以外的其他组,也这么认真吗?

## 与福特的经营企划矛盾

藤原:哦,原来是这个意思啊。那确实,CFT6 非常认真,其他组都没有我们这么认真(笑)。

我:果然(笑)。并不是说其他组没有在认真工作,而是我总感觉金井先生领导的 CFT6 好像更加疯狂更加认真。

藤原:是的,这是事实。所以最后只有 CFT6 提出的计划能够胜出。

我:那当时应该也有人对 CFT6 的提案有异议吧?

藤原:当时的 CFT0 或是 CFT1,其领导是从福特的经营企划部过来的人,他们当时说我们的想法"有问题"。

我:毕竟福特的理念是服从领导。

藤原:所以,我们当时和他们辩论了很久,做了很多解释。

我:最后说服他们了吗?

藤原:没有,还没等完全说服,他们就因为人事调动离开了(笑)。

我:接着,2006 年召开的经营会议通过了包括开发 SKYACTIV 发动机等在内的"技术总计划"。这么重要的事情竟然就这么轻易决定了?

藤原:不不,不轻易,一点也不轻易(笑)。

我:但确实是在短短一年间转变成了和以前方针大相径庭

的新路线啊。

**藤原**：我是 2005 年 5 月回国的，回来之后马上就安排我参与改革了，差不多花了一年半的时间吧，也不算太短。不过 2006 年回国的人就有些不明所以了，当时有人甚至说"到底什么情况？感觉自己像在风暴中心一样"（笑）。

**我**：您觉得这场改革风暴因何而起，或者说为什么马自达要兴起这场改革风暴呢？

**藤原**：我们 2005 年的业绩非常好，当时销售利润达到了 1234 亿日元，我到现在还记得这个数字呢。但是，我们的主要业绩是在欧洲市场，对马自达来说其实只是占了汇率的便宜（欧元升值）而已。

**我**：但是，很快欧洲便开始限制油耗了。

**藤原**：对，开始限制企业平均耗油量了。继续那样下去，马自达在欧洲的利润可能就没有了。我是抱着无论如何也要做出能够满足油耗限制的汽车的想法从欧洲回国的。所以我对改革的积极性是很高的。

## "要考虑脱离母公司！"

**我**：那是藤原先生您个人的动机，而非公司整体的动机吧。当时马自达的营业额达到顶峰，在这种自信满满的背景下，"要想逃脱出手握 33.4% 股权的福特的限制，就需要拿出可以独立执行的计划"，是不是这种想法也占很大比重？于是与 CFT6 的计划也就不谋而合了。

**藤原**：我记得在批准改革计划的过程中，有几个董事说过"要考虑脱离母公司！"

确实也有这种"巧合"。从开发的角度来讲，有一个很重要的现实问题，那就是"和福特共用结构平台的计划进展得并不顺利"，2002年我们推出了第二代德米欧，2003年推出了第一代昂克赛拉。也就是说，到2005年的时候，我们已经看到了"与马自达共用结构平台"的结果。

**我**：原来如此。2005年，马自达的员工其实已经都通过产品的收益和口碑看到了在福特旗下的利弊了。

**藤原**：大家都在思考，继续这样跟着福特做下去真的能行吗？再加上欧洲出台的油耗限令，大家的问题意识都提高了。究竟该怎么去制造、开发汽车？大家问题意识的提高正好和CFT6的启动时间重合了。

**我**：刚才您说到"失败担责"，第一代昂克赛拉和第二代德米欧应该算挺成功的吧？第二代德米欧好像是藤原先生您主导的？

**藤原**：不，其实并不怎么成功（笑）。只是看起来挺成功，其实成本非常高。本来在福特集团内部实现结构平台通用的话，成本会降低，但是无法通用。统一大规模制造零部件确实能降低成本，但如果分别在日本、欧洲、美国组装，那些又大又重的零部件，比如说制动鼓、制动盘之类的，运输成本会很高，和在组装地分别制造差别不大，甚至成本还更高。专门运输那些又大又重成本却不高的零部件是很不划算的。在这点上，汽车行业与手机等电子产品行业是完全不同的。

更别说车身组件、结构平台、底盘这样的大型零部件，根本就无法运输，只能在组装地制造。"结构平台通用化"只是理论上美好，公司内部其实都在思考它到底有多少实际意义。

## 福特旗下的公司都有过类似的想法

**藤原**：于是，我们就想到，就算零部件有不同，但结构一样的话，不就能节省一些设计、开发的成本了吗？我们集中精力，在某"一点"上发力，精益求精。但这个"一点"要比业界其他公司都要出类拔萃，在这"一点"上集中投入人力资源。这就是我们当时的想法。

**我**：原来如此。金井先生也说过同样的话。

**藤原**：这些都是马自达自己想出来的，但我觉得当时福特旗下的人应该都多少有这种感觉。其实不管是沃尔沃还是捷豹，大概都会担心"继续这样跟着福特一起做通用结构平台真的能生存下去吗？能把品牌延续下去吗？"

无独有偶，沃尔沃和马自达做出了非常相似的决定，我们叫"统揽策划"，他们好像是叫"可扩展产品架构"，具体说法我忘了。总之，沃尔沃也是要将发动机的结构共通化，结构平台基本统一。我们没有互相交流过，但却殊途同归。

**我**：在与福特这样的大企业的理念发生碰撞之后，规模相对较小的企业最后都找到了类似的解决办法。

**藤原**：这一点我想金井应该已经告诉过您了，福特的方法是无法应用到多发动机开发上的。因此，最终每次只能停滞于一个车型上,不得已之下只得和福特一起开发,与他们共用结构平台,然后再去制造昂克赛拉、德米欧,乃至 SUV。

如此一来,不仅赚不到钱,人手也不够。大家都在说"要是变成那样的话,就太可怕了。简直像是回到 20 世纪 80 年代后期的泡沫经济时代……"。

**我:**这不是完完全全的倒退嘛。

**藤原:**是啊。那样的话,到了必须做点什么的时候,恐怕也是无能为力的。例如,当我们必须要生产 SUV 时,却发现没有余力去生产。发动机开发不仅需要花费相当大的精力,还要通过碳排放限制,且不能只在发动机上下功夫,变速器也要进行改革,也要想办法实现轻量化。

想开发的技术堆积如山,必须要做的商品也堆积如山。我们就在想"要怎么做才能在当前的条件下做完这些事呢?"就在这一紧急关头,CFT6 设立了。当然,当时的情况并不是像我现在讲述的这般井井有条,而是在和金井先生一起在工作的过程中逐渐发觉的。

摄像:高桥满

金井一直鼓励我"要成为世界第一""要志向远大""要打出好球,打出高速近身球",我则边听边回应"哎,金井先生真是令人佩服啊……"(笑)。

我:说起来轻松是吧(笑)。

藤原:不不,他说的很对,非常对。但是,问题是要如何去实现?我们面前总是摆着一大堆亟待解决的问题。

我:不过,藤原先生您应该是公司内最早理解"统揽策划""通用架构"理念的那批人吧?说不定是第一位理解者?

藤原:也许吧。

## "当时并没有用'通用架构'这个词"

我:"创新制造"中最不好理解的应该就是"通用架构"这个概念了吧。当时向其他人解释"通用架构"是不是很费力?

藤原:那时候我们并没有用"通用架构"这个词。

我:没用这个词吗?

藤原:我们当时找不到合适的词来形容。那时候只有德国大众提出的"模块化""编辑设计"等概念……

我:您是说MQB吗?也就是德语"Modulare Quer Baukasten(横置发动机模块化平台)"的首字母缩写。

藤原:对,MQB,当初马自达也有类似的想法。

我:也就是说马自达也曾经考虑过"模块化",是吗?可以具体讲一下吗?

藤原:首先,我们觉察到不管是"模块化"还是"编辑设计"，最终结果其实和福特在做的事是一样的。所谓的"编辑设计"，其实还是同样的零部件，只不过做成了不同大小而已。而"模块化"就是制作出通用的零部件，并安装到很多车上，从而提高设计生产效率，降低成本。

我们讨论的最终结论是"对于资源相对贫乏的马自达来说，要创造有吸引力的产品线，最关键的应该是开发工时"，也就是说，"最关键的是提高开发效率"。那么，提高开发效率最重要的又是什么呢？

"比如，如果主要零部件的 CAE 模型可以应用到所有车型上，就能省很多事了。"如果能通过改变参数应对不同尺寸的汽车，就不用分别试验，可以节省大量时间和成本了。

于是，我们恍然大悟，原来比起零部件的通用化，统一设计理念及结构，实现零部件的特性共通化，才能最终提高开发效率。然后，我们就得出了统一结构设计理念，即通用架构的结论。

**我**：把无形的"理念"统一到全部车型上才是最难理解的地方吧。

**藤原**：就发动机而言，其实比起"结构"这种让人联想到具体形态的词汇，直接说"统一燃烧的波形"反而更容易让人理解。

另一方面，比如碰撞（车身设计中的碰撞设计），如果车身构造相同，那碰撞模拟试验就可以举一反三了。稍微改变一下零部件厚度就能改变性能。这里用"结构"这个词就很合适。

总而言之，首先要有一个的特性，然后要有实现该特性的

手段。这个手段可能是结构,也可能是化学变化等。

再多说一点的话,燃烧的波形正是如此。总之就是"把最难懂的那部分统一起来",统一了最难懂的部分,剩下的就都是简单易懂的部分了,工作不就变轻松了吗?于是,我们便得到"把最难懂的地方的特性统一起来"这样的结论。

**我**:这种解释我还是第一次听到。

**藤原**:虽然我们统称"通用架构",但其实有时候是统一特性,有时候是统一物理形状,其实应该根据情况改变称呼才对。

**我**:但是,"通用架构"既可以表示设计理念,也可以表示结构,其实是个很妙的词。

**藤原**:是的。所以,最开始我们是称其为"通用组合",后来还是改称"通用架构"。

## 其实没有备选方案

**我**:如果让您回想一下的话,您觉得当时公司是在什么氛围下大胆推进"创新制造"的呢?金井先生说过当时"没有备选方案",当时是不是因为没有别的办法,所以只能这么做?

**藤原**:现在回想……要怎么说才好呢。

**我**:金井先生举了发动机开发的例子,他说"即使失败了也还有两年的缓冲时间,就算成不了世界第一,也能成为世界一流"。我的理解是,这其实是上了个保险,以便更容易得到大家的理解。但是,仔细想想,如果"创新制造"没能获得彻底成功,马自达之后独立生存的概率确实是会下降的。这样的话,那与其说是备选方案，不如说是紧急避难计划吧。

**藤原**：是的，老实讲，我们是没有真正意义上的备选方案和 B 计划的。其实，我们也很怕，不敢冒险，当时我们完全没有备选方案或后退方案，也已经没有余力去想那些风险了。最要紧的是，如果再不做点什么，马自达很快就无法生存下去了。

**我**：这么强烈的危机感……但这只是藤原先生个人的感觉吧，全公司的员工都有这样的危机感吗？

**藤原**：除了 CFT6 以外，其他人的感觉可能没有那么强烈。CFT6 毕竟是开发团队，是具有前瞻性的，所以察觉到了几年之后会碰到巨大的障碍。但是，如果是只专心于眼前工作的人，可能还是看不清楚，只会觉得趋势好像有那么一点点不太对。CFT6 的危机感最强烈，所以提出了对策。然后，大家都开始觉得必须那么做了。不过，当时大家都还没察觉到会有多难做（笑）。

**我**：然而，"创新制造"要求的是"彻底改变所有工作方法"。

**藤原**：是的，确实如此。举一个有代表性的例子，在第六代马自达汽车问世之前，我们出过只装配 SKYACTIV 发动机的德米欧（第三代）。结果发动机虽然能用，但重要的排气系统无法装配到第三代德米欧上，因为它不是 SKYACTIV 专用设计。因此，必须要从车身开始全部换新，才能完全发挥发动机的性能。

## 一线员工因何坚持

**我**：一般来说，不管做什么工作都会存在既得利益者，他们不想放弃、改变当前的工作方法。这也可以说是人之常情吧。

**藤原**：是的。

**我**：即使经营层批准了"创新制造"，要让一线员工也很配合地"彻底改变所有工作方法"也很难吧？大家是如何坚持下去的呢？

**藤原**：要让新发动机成功，车身、变速器也必须做出相应的改动。"统揽策划"的核心是打造"环保低耗油且驾驶体验优越的发动机"，要将之转化为现实产品，把这样的发动机搭载到汽车上，其他部分也必须做出改变。换句话说，我们只能那么做。这可能和金井的解释有点不一样。

**我**：作为竞争力的核心部分已经实现了革新，其他部分不革新的话一切就白搭了。

**藤原**：正是如此。

**我**：所以，为了获得最终胜利，只能做出彻底改变……咦，怎么感觉被骗了？

**藤原**：不，不（笑）。仔细想想便知，正是由于使用了SKYACTIV发动机，整个汽车设计、构造才变得更加优秀，一直想变更的驾驶位置也得以改变……也就是说，以前想做出变更的地方全部改掉了。

**我**："努力装上新发动机，我们想做的事也就都能实现了"，当时是这么说服一线员工的吗？

**藤原：**不，我们倒是没这么说。这种说法很容易被大家误解成"他们是为了让我们配合才这么说的"。

当然，所有部门都在改变自己的工作方式，各自朝着成为世界第一而努力。而我就是在这个过程中发觉"提高发动机的竞争力才是决定成败的关键"。每个人都想让自己负责的部分成为世界第一，而我觉得发动机是一切的关键，发动机成，则整体成；发动机败，则整体败。

**我：**就像人见先生总举的那个保龄球的例子，一切的基础及解决问题的关键在于"搭载 SKYACTIV 发动机"上。如果这个关键之处做得马马虎虎，自然就没有胜算。虽然大家都有种种抱怨，但也只能硬着头皮去解决这个问题。

**藤原：**是的。这或许就是经营层、一线员工都誓将"创新制造"贯彻到底的原因。

**我：**是吗？

**藤原：**其实目标设定的方法很重要。我们在思考决定马自达汽车今后 10 年走向的"统揽策划"时，对发动机这一核心技术设定的目标是转矩提升 20%、油耗降低 25%。可以说，这个幅度和以前完全不是一个级别。

一般来说提升个 3%、5% 就可以了，这种幅度的提升如果真能实现，那竞争力势必得到大幅提高。"这就是第六代马自达汽车最大的卖点。这点做好了我们就有了真正的王牌，大家应该没有异议吧？那我们就要不惜一切代价达到目标。雷曼危机、泰国大洪灾等负面事件不断，我们的外部环境越来越恶劣。正

因如此，我们才更要做好，不然就真的生存不下去了。"换言之，只有目标设定得足够高，才能让大家相信"只要达到目标，就能获胜"。

**我**：原来如此。目标的方向固然重要，但高度也同样重要。

## "统揽策划"的最大特点在于目标的高度

**藤原**：是的。如果只从思考10年后这个层面来讲，"统揽策划"可以说只是一个平淡无奇的经营策划。类似的策划很常见，但"统揽策划"的关键在于"高度"。要在预测10年后市场状况的前提下，做出目标预判，并制订为此努力的具体步骤和方案。

**我**：制订一个让人相信只要做到了就能获得胜利的方案。

**藤原**：如果只是预测未来趋势，还不如交给咨询公司去做，说不定效果更好。但是，咨询公司是不会制订这么高的目标的。

**我**：为什么？

**藤原**：咨询公司会收集很多信息，相应地也就很容易被现状所束缚，所以很难制订出很高的目标。

**我**：咨询公司会从现实出发，而不会从目的、目标倒推。

**藤原**：对，咨询公司会说"贵公司现在处在这一层级，可以将目标定到这里"。作为第三方的咨询公司绝对不会制订出一个完全脱离现状的目标。

目标还是应该由真正要去完成的人有意识地去制订。要制订一个"经过努力可以达成的目标"，目标一定要够高远。能不能制订一个好目标很关键。

**我**：如此一来，大家便会一边想"这目标要把我们累死才能完成吧"，一边觉得"一旦完成就会大获全胜"。于是，大家便可以通过计算和觉悟定出一个目标数值了。

**藤原**：是的，一定要有这种计算和觉悟，才能制订出既有高度又有可执行性的目标。金井的行事风格是一边讲情怀，一边敲打大家"志向太低""你们想做的就这种程度吗""作为一个技术员，这样甘心吗"，等等，这也算是促进大家定高目标的因素之一吧。

当时在第三代德米欧上搭载 SKYACTIV 发动机时，金井也曾不停地鞭策大家。例如，"每升油跑 30 千米太难了？你在说什么呢。你们做的发动机必须要赢过混合动力汽车，要成为世界第一好吗"便是他经常挂在嘴边的话（笑）。金井真的是一个志向最高远的人，完全不允许大家说不行，也不允许降低目标。如果没有他的激励，可能"统揽策划"也完成不了。大家可能会满足于一个更低的目标，但低目标显然难以提高竞争力。

**我**：原来如此。看来一个团队是需要一个像金井先生这样的老大的。"你们真的愿意做丧家之犬吗？想让别的技术人员感叹于我们的技术，就只能拼命去成为世界第一！"金井的这番激励之词还是很必要的。

**藤原**：是的。嘴上功夫谁都会，而他却是用实际行动证明"世界第一"是怎么样的。他还说过"剑走偏锋也能赢"。

**我**：这是什么意思？我第一次听到这个说法。

## 不要局限在柴油发动机上,要破界对战

**藤原**:这是开发柴油发动机时候的事了。当时我们在纠结要制订一个怎样的目标。一般这种情况下,会把别的公司的柴油发动机拿过来分析,决定要在哪几点上超越对手。但金井说我们的柴油发动机要和混合动力发动机去比较,也就是破界对战。然后我们的目标就变成了"要做出比混合动力发动机成本更低、油耗更低的柴油发动机",而且转矩还要大。

**我**:这样的柴油发动机肯定好卖,能赢过混合动力发动机。

**藤原**:是的,这就是"可以获胜的目标"。如果只局限在柴油发动机间的较量上,最后做出来的东西肯定也就是半斤八两。金井就是这么有魄力,毫不犹豫地提出了让我们进行这种破界对战的要求。

目标是世界第一,用破界对战来取得胜利。这两种制订目标的方法可能就是"统揽策划"的诀窍了。目标制订好之后就要从技术角度思考有没有可能做到。如果是努力之后能做到的目标,就可以开始制订计划并执行了。再然后就是思考怎样能提高达成目标的效率,"通用架构""弹性生产"就是这样诞生的。

**我**:我明白了。其实反过来讲,也是因为这样制订出来的目标实在太难了,福特的技术高层才不愿意相信金井先生所说的目标能够达成吧。

**藤原**:"奔驰、丰田都没做到的事,为什么马自达能做到呢?"他们大概是这种想法吧(笑)。

**我**:是有人这么说过吗?

藤原：谁知道呢（笑）。

## 挫伤勇气的"常识"无处不在

**我**：不过，话至此，其实话题又要转回去了。一般来说，面对如此之高的目标，任何人都会害怕做不到吧？

**藤原**：是啊，会很害怕，而且会找很多借口逃避。

**我**：金井先生以麻烦为由拒绝从一开始就制订一个确切目标，但其实这不是麻烦的问题，而是害怕的问题吧？即使失败是容许的，该害怕也还是会害怕的。

**藤原**：是的。其实这是因为大家心底总会有一些束缚，这些束缚其实就是所谓的"常识"。一切想法中都潜藏着常识。

**我**：常识？比如大家普遍认为"未来是电动汽车的天下，内燃机的时代已经过去了"这样的常识？这么说来，我记得马自达的员工曾说过人见先生曾经将 SKYACTIV 发动机的开发总结为"打破常识，将教科书上的理想理论变为现实"。

**藤原**：打破常识，将教科书上的理想理论变为现实……原来如此，这个总结很妙。

**我**：教科书上明明写明了这种理想化的理论，但大家却还是会优先想到"普遍常识"。人见先生觉得自己做的事从学术角度上来讲是再合理不过的。

**藤原**：嗯，大众的"常识"和物理化学公式表现出的东西完全不一样。大众的常识实际上很多都是一些"半吊子"的人的主观臆断，然而这些"常识"却成了大家的思想束缚。这才是最可怕的。

**我：**有什么方法可以跨越这种束缚吗？

**藤原：**还是要花时间去好好思考。我认识一个工作能力很强的精英咨询专家，他的做法就很有意思，当有人提出"这种战略会有风险"的时候，他会反问"那请您说说执行这个战略的风险有多大，不执行的风险又有多大"。注意，这里说的可不是战略的执行风险，他要让大家讨论的是执行这个战略会有什么难题、不执行这个战略又会出现什么问题。

于是，大家就发现不论执不执行这个战略，有很多风险都会存在的。战略虽然存在一定风险，但一旦完成了就可以大获成功。

**我：**就是把模糊的风险具体分析一遍。

**藤原：**"你们觉得问题在哪里？实际情况又是怎样的？我们需要怎么做？"不断重复这种分析，就可以启发大家创新思想。我觉得这种做法和金井做的事应该是有一定共通性的。

**我：**我再次觉得大多数人是不是"太过害怕认真思考"这件事了。

**藤原：**这也是人之常情，大家都倾向于在做事之前先列出一大堆风险，然后得出一个"所以无法做"的结论。总是忘记还有一条路，就是去直面风险，解决风险。这才是重点。

**我：**原来如此。

**藤原：**如果用语言表达出来，可能就会发现其实没什么大不了的。所以不要太过于害怕做决定。为此，我们需要花费时间思考，有时也需要一些方法论和技巧。

## 营销败给志向的瞬间

**我**：啊,所以才会有金井先生关于"情怀"的名言啊。为了不让大家害怕思考,被所谓的常识所束缚,让大家不要畏首畏尾,金井先生告诉大家要有志向、要有情怀。

**藤原**：志向、情怀,确实是这样。我是切身感受到他的"志向"之强烈有力的人。

以前我接受一桥大学的一位老师采访时说过,我和金井曾经同时对经营层做最终报告,他负责的是阿特兹(第一代),我负责的是德米欧(第二代),当时我觉得自己简直是完败。

第一代德米欧大获成功,上面安排我负责第二代。于是,我就收集了很多营销数据,决定第二代要解决用户提出的第一代存在的那些缺点。我觉得这样做出来的第二代德米欧不可能不畅销。

**我**：是的,您的这个想法很符合常理。

**藤原**：结果想改进的地方太多,贪心不足蛇吞象,最后做出来的车毫无重点,反而没什么突出优点。而金井那边却……

**我**：阿特兹的"志向"。

**藤原**：是的。金井的阿特兹立志要让曾经使他自尊受挫的德国高级车刮目相看,证明马自达的汽车可以成为世界第一。这种昂扬的斗志不止激励着开发部门,也鼓舞了生产、销售等全体员工,最后客户也感受到了。

这是我职业生涯中最大的一次失败,但也收获了最大的成长。

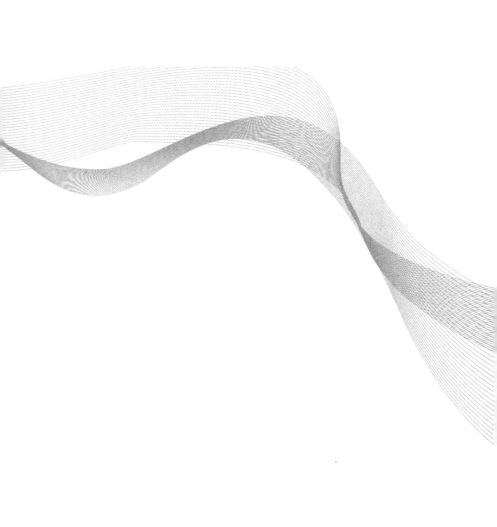

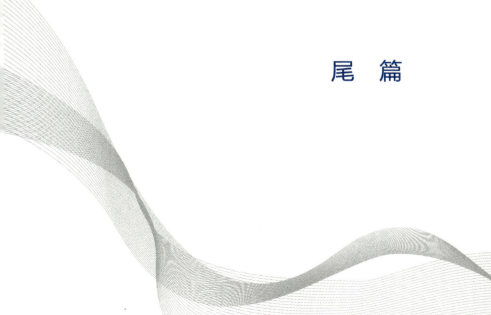

尾 篇

## 人皆利己,人皆虚荣

"什么?连马自达博物馆都没有保存金井先生制造的第一代阿特兹吗?"

"确实是这样。"

当我向马自达博物馆提出参观金井先生主导制造的第一代阿特兹时,却得到了如上回答。但我想一睹第一代阿特兹风采,想要亲眼见到、亲手触摸到实物的心情实在是太过强烈了,在我的不断坚持下,宣传部门的 D 先生不经意地提到他家附近有一户人家似乎收藏着一辆漂亮的五门款。于是我便提出"能不能请您试着问一下那户人家可不可以让我参观一下啊?不如趁这个机会让金井先生也看一下那辆车,亲自上车体验一下,应该会很有意思吧。"这个任性的要求最终有幸得以实现,我得到了和开发人一同参观第一代阿特兹的机会。真的非常感谢车主和 D 先生。

# 尾 篇

与第一代阿特兹
久别重逢的金井先生
摄影：桥本正弘

笔者很喜欢第一代阿特兹。它非常注重细节，连行李舱的置物板上都贴了绒毛垫。"这是我打开后背门时意外看到的，置物板这种看不见的地方一般不都会尽量降低成本吗？可是第一代阿特兹却并没有放低要求。我想正是对汽车的真爱决定了马自达不会放低要求。"笔者在亲眼看到实物后，终于体会到了金井先生的理念。笔者看到行李舱才理解了之前金井先生讲过的执着于角支撑尺寸的原因。

与第一代阿特兹久别重逢的金井先生似乎心情也很好，他笑着说："真是辆好车。车门关闭的声音足够轻。"借此机会，笔者又问起了一些从前的事。

## 石油危机时期进入公司，新人时代一直处于底层

**我**：金井先生，您在进入马自达之前就想从事汽车行业了吗？

**金井**：不，并没有。虽然我挺喜欢汽车的，但选择马自达

是因为我是（东京工业大学）工学院机械专业毕业的。当时由于家庭原因我得回老家广岛找工作，在广岛我能找到的比较合适的公司也就马自达了。

**我**：1974年，您进入了马自达。马自达有制定商品车基本概念的策划部，还有根据策划部提出的概念进行开发设计的开发部，以及负责量产的生产部。您当时是怎么进入开发部的呢？

**金井**：当时他们问我想去哪个部门，我回答说："哪里都行，没什么特别要求。"他们又说："还是开发部比较好吧？"结果我直接反问："开发？那是什么？"由于我当时还是个刚踏出校门的学生，因此并不知道这些行业里的说法，若是"研究"的话我可能还能理解，但对"开发"就比较陌生了。我想开发部是干什么的呢？他们解释说："差不多就是设计底盘吧。"然后我就点头答应："好的好的，那可以的。"大概就是这么个过程吧。其实说起来也算是命运的安排了。

**我**：您进入公司的前一年，也就是1973年，正好是发生石油危机的那年吧。

**金井**：是的，所以我后面一直没人入职，我做了五六年的最底层（笑）。别人让我去复印一下设计图，我就得老老实实去——也不应该叫复印，那时候复制蓝图都是靠晒图机的。

**我**：一直打杂吗？您会不会觉得凭什么我堂堂东京工业大学毕业的高才生要一直做这种杂事？而且晒图要用到氨，据说非常臭吧。

**金井**：没有没有（笑），也没有一直打杂啦。而且我觉得这种经验也很有意义。打杂也是一门熟能生巧的技术，而且经过一番思考后还能提高效率。比如晒图，只能一张一张晒对吧。

我：是的。要把原件和感光纸重叠然后曝光。

金井：对，比如要把 20 页原件复制 20 份，要怎么安排顺序和操作才能最快完成呢？这些都是要思考的。

我：啊，我明白了。我们从事编辑工作的新人在文章刊登前也要复印大量的纸质资料，然后分发给采访组，我做这些的时候也站在复印机前思考过"怎么复印、怎么分发效率才最高"。

金井：对，对，就是这样。因为都要自己做，所以要去思考怎么提高效率。比如你要分发文件，也要思考按什么顺序分发比较快。

我：要思考行动路线。

金井：比如这个人现在可能不在办公室，那就改一下顺序先去给别人送。再比如思考一下在配送时顺便说点什么，以便能让对方接下来的工作更顺畅等。

## 既然不能改变，就快乐地接受

金井：我这么说可能有人会觉得虚伪，但新人打杂确实也是一种学习，对性格形成也有很大影响。既然不能改变，还不如快乐地接受。想想怎么做能让别人心情更好。如果自己动作慢了，要怎么讲才能传达自己的歉意。换句话说就是思考怎么做能让别人觉得你好。不要机械地去打杂，而是边思考边做。

从写设计创意到复印打杂,做每件事的时候都有自己的思考在里面,所以我打杂的那五六年还是挺快乐的。

**我**:这好像和您负责阿特兹开发的时候有点像呢。

**金井**:也许吧。以前有别的公司的人跟我说"感觉你一道歉,我便没办法生气了"(笑)。我以前在部门里也经常挨训,但大家其实对我也很包容。当时我的上司村本先生是一位 40 岁左右的工作能力很强的领导,画得一手好图。他是我在画图、做设计图方面崇拜的对象。从他手中出来的图真的令人赞叹。

**我**:村本先生的图好在哪里呢?

**金井**:这很难形容……画图不是有粗线条和细线条吗?粗线条描绘物品的轮廓,而尺寸和圆的中心线则要用细线条描绘。一幅好图,首先这些线条要张弛有度,轮廓线和辅助线不能混淆不清。细线条无论何时都要保持那个粗细。我们那时候画图还要削铅笔呢。

**我**:啊,那时候别说 CAD 了,连自动铅笔都没有啊。

**金井**:要统一线条的粗细,需要用到卷笔刀来手动削铅笔,村本先生是从怎么削铅笔开始教我的。好像是粗线用 HB、细线用 2H 铅笔吧。他说:"要根据笔芯的材质和想画的线条的粗细来削铅笔。你自己试着画一下就明白了。"然后我一试就觉得"原来如此,确实很合理"。

**我**:这种细节都这么讲究,怪不得画出来的图清晰分明了。

**金井**:还有,画图不是要在纸上画吗?第一步要考虑的是整体布局。要画一个物品,正面图要画在哪里,俯视图要画在哪里,这些布局都是一开始就要决定好的。一个好的布局需要绘图人有审美，怎么能在一张纸上把各种视角均衡地分布进去，让人一看就能脑补出这个物品实际的样子。所以不同的人画出来的图给人的感觉是不一样的，简单来说就是易不易懂、看起来有没有美感。

毕竟是要将一个 3D 的东西绘制到 2D 的平面上，如果零部件的结构复杂一点，还要画很多细节处的截面图做标注，还有如何顺滑地表现出零部件的形状，这些都要靠绘图的人凭感觉画出来。村本先生在这些方面做得都非常好。

## 被崇拜对象夸奖之日

金井：在我进入公司第三年左右的时候吧，有一天村本先生夸我："你现在也画得一手好画了啊。"

我：哇。

金井：听了这番夸奖，我真的高兴得要飘起来了。当时我也正觉得自己好像有点长进了，就得到了自己崇拜对象的夸奖。

我：想必村本先生也一直在关注着您的成长，然后选在了那个最合适的时机给您鼓励。

金井：当时真的很高兴。

我：好画，他说您的设计图是"好画"呢。

金井：对，其实设计图就是用圆规和三角板画出来的画嘛……不过后来没多久村本先生就因为心梗去世了，当时他才 40 多岁。

我：那真是太遗憾了……

**金井**：真的很遗憾。

## 我没有"想做的事"

**我**：那么金井先生您在新人时代是怎么向那位前辈学习画图方法的呢？比如站在背后偷师之类的？

**金井**：其实我刚进公司的时候真的没什么野心，自然也不会想到去偷师（笑）。

**我**：您又来了。

**金井**：我只是想把别人交代的事情努力做好，就是在这个过程中逐渐提高的。我也是在那个时候发现其实自己并没有什么特别想做的事，进公司的时候也是，最开始买车的时候也是。

**我**：没有想做的事？那您是怎么有动力继续工作下去的呢？

**金井**：我自己没什么特别想做的事，但是我觉得工作是一件要讲信用的事，别人把一件事交给你去做了，那你就要尽量去做好，回应人家的期待，对我来说这就是工作。

**我**：原来如此……

**金井**：也就是说，我想去回应期待。然后我逐渐会想做得比别人期望的更好一点，比如比要求的提前一点完成、画出超出别人期望的高质量图纸。就像这样，我喜欢超额完成工作，这和前面讲的复印打杂时的想法是一样的。

**我**：也是，看到您发文件时不单单只是发资料，还在容易混淆的地方加上了标注以方便前辈工作，前辈肯定会觉得您能干。画设计图也是，从削铅笔开始学起，前辈肯定觉得您很努力，更何况您画图的技术还越发精进了。

**金井**：对，其实我就是比较会来事，想讨人喜欢。

**我**：哈哈哈，这样吗？

**金井**：别人交代给你一项工作肯定是有所期待的，比如让你画图，肯定就是对你画的图有所期待，那我想大家都会希望自己能交上去一张好图吧。

**我**：明白。

**金井**：想让自己显得比较能干。

**我**：确实，大概每个人都想这样。

**金井**：一幅设计图，不仅整体布局要好看，还要清晰易懂，字就算没有那么好看，也得是工工整整的，发蓝图给别人的时候要做到怎么才能让人家收图的时候更高兴。与其说这是站在他人角度看问题，不如说我是为了维持"我很优秀"这样的形象。

**我**：想听别人夸您能干、图画得好，是吗？

**金井**：对对，听别人这么说我会很开心。特别是面对要长期打交道的人，反正都要一直有工作往来的，肯定希望人家能对你印象好，不是吗？就像我去复印室晒图的时候，刚开始做得不好，也会被人教育。但那时候我就想总有一天也要让这个人觉得我很好。某种意义上来讲就是一种自我表现欲，想让人喜欢自己。另外，我觉得向别人请教，多学些东西，总会派上用场的。

逆转经营：
马自达的自救突围之路

## 分工合作让工作不再愉快

**我**：感觉您这次说得很直白，难得地让我一下就明白了。当时我在《日经商务》上连载您的访谈时，一直觉得"创新制造"的那一系列做法的动机其实是"不喜欢返工"，由此延伸到觉得您是不是不喜欢让人浪费时间做无用功……

**金井**：人肯定都会觉得和自己合得来的同事一起工作比较开心，气氛融洽才能让大家都开心。我想要的就是这种效果。

**我**：是吧。这个道理明明很简单，但是如果按分工合作的方式严格管理，比起整体成果，大家会更容易倾向于避免犯错被扣分。

**金井**：这种情况太多了。我就是严格按照这个说明手册去做的，因此只能做到手册规定的程度。我的工作也到此为止了，之后有什么问题都别找我。

**我**：是的，就是这样。和这种人或者部门分工合作的话，很容易产生"那我也这样"的心理。

## 阻碍突破的工作氛围

**金井**：对，公司里其实有很多这样的人。如果这样工作能顺利进行下去倒也没问题，毕竟这样更稳定。

但是，一旦有人想要突破，这种自扫门前雪的风气就会成为巨大的障碍。如果不能改变其他人的做法，就很难实现突破。

或者说，就算有人做了什么划时代的改革，在那种工作氛围下，改革所带来的资源、空间也是无法发挥功效的，于是就无法实现真正的突破。这种例子有很多。

**我**：对，对，非常多。

**金井**：一般而言，分工的工作形式就很容易变成这样。参加的人先决定各自的责任和权限，这种做法很容易导致大家被各种规矩所束缚，被别人要求做一点让步，马上就会因为怕担责任而坚决拒绝。明明自己还有一点余力，却要把这点余力当作杀手锏留着。说起来，我之前推荐您去看的那本《The Goal》（Eliyahu Moshe Goldratt 著，钻石社出版），您看了吗？

**我**：看了。Gddratt 博士说的"瓶颈理论（TOC）"和"关键链项目管理（CCPM）"与"创新制造"的理念其实是相通的，真是太令人震惊了。

**金井**：我记得所谓的关键链项目管理（CCPM），就是指在工作前先想好执行步骤，减少无用的等待时间，把大家的时间和空余资源先存下来留作备用，等到哪一环节出现了紧急情况时，再逐步把备用的资源和时间拿出来弥补。

**我**：工作条件明明没变，这么做之后却能让工作更灵活，整体感、合作感也更强。

**金井**：Gddratt 博士的书我都读过。我和日本法人代表 K 先生也很熟，他的理念和 Gddratt 博士也很一致。所以说这种理念是非常普适的。

在碰上一个大难题的时候，先让大家一起讨论解决这个难题的重点应该放在哪里。然后就是"创新制造"最后所做的那样，让生产技术部的人熟知开发人员想要达到的目的，据此思考生产、制造的方法，而开发人员在设计时也要考虑生产的难度。不是要某一方去响应另一方的号召，而是大家一起共享。我们想要的是这样的组织。Eunos 800 的发动机舱之所以能够削减 30 毫米，就是因为我们这样做了。

**我**：确实。"创新制造"想要的"工作方法"基本上都能用这个理论解释通。

**金井**：是啊，或许确实如此。

**我**：而大家想要这么做的动机就是为了显示自己的能力，互相夸奖"你真能干"？

**金井**：这样不好吗（笑）？

**我**：但是，人处于一个组织内部很容易就会去思考一件事对自己部门的利弊吧。要打破这种观念，改变大家的工作理念，肯定还需要别的手段。

**金井**：会议就是其中一种手段，PD 管理也是一种手段。这和 TOC 也有很多相似之处。一开始先把所有问题列出来，然后思考要怎么解决这些问题，把解决步骤都列出来。TOC 要求在完成这一步之前必须暂停工作。也就是"没有做好计划（P）之前不能继续做执行（D）之后的工作"。工作一旦开始，就要每天检查实际进度与计划的出入，第一时间发现与计划的偏差。

**我**：这不是和……

**金井**：对，这和我们的"11 点会议"是一样的。

## 将参与人数转变为竞争力

**我：** 对所属部门和个人的利害自不必说，如果想让同事觉得自己能干的想法也成为工作动力的话，其实某种意义上必须有一个前提，那就是和同事要保持一种长期共事的关系吧。从这个角度讲，比如对汽车行业来说，故乡、出生地应该非常重要吧。

**金井：** 我也这么觉得。像汽车、电力、钢铁这种大体量的行业是能够带来很多就业的，完全不同于现在的 IT 公司。这类公司规模庞大，内部盘根错节。他们要撤离或缩小规模，将对当地产生巨大影响。

**我：** 确实。这些行业涉及的人数多，且人与人联系比较紧密。

**金井：** 所以我们不能把这点当作成本，而要当作竞争力的源泉。

**我：** 把与相关人员的"长期关系"作为前提，将"证明自己的动力"作为跨越成本障碍的武器。如果只想着什么东西在哪个国家做成本更低，就会变成成本至上主义。

**金井：** 是的，没错。成本固然重要，但如果把成本放在第一位，与地区的关联就会由根部变得腐败。而这并不是在新的地方重栽根系就能解决的，因为重新扎根是需要时间的。IT 行业能不能这样，我没有经验，也不敢妄加评论。但就制造业而言，就像我前面讲过的那样，如果想要成为世界第一，想要让客户发现你的优点，慢慢凭口碑做大品牌，就需要在一个地区把根扎得足够深足够广。

## "看不见的上帝之手"的真相

**金井**：要让公司同事、其他部门、供应商、销售公司还有客户高兴，证明自己的能力，这种想法听起来好像是年轻人才会有的，但其实亚当·斯密在《国富论》中提及"看不见的上帝之手"时也说过同样的话。

《国富论》中提到，如果每个个体都想着去赚钱的话，那么最终将带来社会整体的发展，就像上帝之手在无形中操弄一般。而且，如此一来，所有人都能获得幸福。关于那段话我是这么理解的，我想这一说法未必正确。

**我**：是的。《国富论》中这段话的本意是"市场参与者都为追求安全投资而行动，这将提高市场整体效率，进而促进经济发展"，而非"市场经济符合上帝意旨"的意思。

**金井**：哦？那您知道他前面一本书是什么吗？

**我**：好像是什么道德论吧。

**金井**：对，是《道德感情论》。

**我**：哦，想起来了。我们公司也出过《道德感情论》这本书（亚当·斯密著，日经 BP 经典）。不过我没有读过。

**金井**：我记不太清楚了，不过那本《道德感情论》开头大概是这么讲的，"人类虽然利己心都很重，但骨子里都具备共情（sympathy）能力，所以无论是利己心理多重的人，也都无法对他人的不幸完全无动于衷。"

**我**：无法完全无动于衷吗？

## 想对他人有用乃人之本性

**金井**：看到别人幸福，虽然不关自己的事，却也同样会感到高兴；看到别人不幸，会不由自主地感到同情。人类就是这样的生物。不顾这一前提，非要胡乱解释"看不见的上帝之手"，并将其误解成"胜者通吃有什么问题，就算招致所有人不幸，只要自己赚钱就好了"。其实这样即使觉得自己胜利了，长期来看也是不可能幸福的。因为人类的本性不是那样的。这是我从大阪大学的堂目卓生老师的《亚当·斯密："道德感情论"与"国富论"》（堂目卓生著，中公新书）上现学现卖的（笑）。

**我**：不，不，确实是这样。例如，可以进行下一步即意味着上一步自己做得不错，其背后也蕴含着某种喜悦。而如果别人这时候再说一句"哇，太感谢了"，就会令人觉得充实满足，因为这会让人感到自己帮助了别人。

**金井**：是的，所以"通过汽车为世界做出贡献，想带给人们快乐"这种想法虽然听起来像是属于年轻人的，但其实是根植于人类本性的企业目标。这既是为了企业能够生存下去，也是为了所有相关人员的幸福。

**我**：确实。

**金井**：通过为世界人民的幸福做贡献，既能让自己生存下去，又能让员工获得幸福。我觉得日本的大企业更应该将这一点当作经营目的去践行。其实，有很多中小企业都是这样做的，

因为不这样做就无法生存下去。他们就是这么认真。

**我**：大企业受到分工带来的组织弊病的影响更大，他们很容易被眼前的短期利益绑架。全球化也使得很多企业本身变成了无根之萍。我们现在应当重新学习亚当·斯密的理论。啊，一不小心说得有点像在写经济专栏了（笑）。

**金井**：除了亚当·斯密，其实深受大家喜欢的彼得·德鲁克先生、出光佐三先生、松下幸之助先生等伟大的企业管理家也都说过类似的话。我来举几个例子吧……（例子确实很多，此处略过）

## 内心只是个公司员工而已

**我**：但是，金井先生，您是那种只要是自己认定"正确"的事，无论别人如何议论，都会坚持到底的性格吧。您是怎么做到的呢？

**金井**：您是想说在"创新制造"的"统揽策划"中，我在混合动力汽车风头正盛之时坚持优先研究开发内燃机的事吧。

**我**：是的，您就这件事展开讲讲就行。是不是因为您在技术部门是拥有无与伦比的号召力？

**金井**：不，我只是个公司员工而已，比较喜欢证明自己能力的那种。

**我**：不好意思，我想冒昧地问一下，您没有想过当社长吗？

**金井**：没有。如果问我现在对职业生涯最怀念的是什么时候，应该是做负责技术的专务那会儿。

**我**：嗯，但在您真的只是一个普通员工的时候，在面对大众都觉得正确的事……您别这个表情，我只是说大众自认为正确，不是说理论上真的正确，在大家都想走大众普遍认为正确的路线时，您却及时制止马自达走那条路。我想无论是我，还是阅读这本书的读者，最觉得"不可思议"的应该就是这一点。

**金井**：但是，我当时真的很有自信，认为自己是正确的。可能有点啰唆，但我要再强调一下，我不是说不能做电动汽车和混合动力汽车，只是说当时那个时机不做。那时候应该先做内燃机，然后是混合动力汽车，再然后才是电动汽车。我说的是"电动汽车也是必须要做的，但不是现在马上就做"，这对于资源有限的马自达来说，是非常理所当然的、非常简单的道理。

**我**：正是因为您对抗了所谓的"主流"，贯彻了自己的想法，马自达才通过 SKYACTIV 建立了巨大的优势，创造了提高产品竞争力的重要因素。

**金井**：是的。其他人没这么做，我们也很庆幸。当时真的很多人都这么讲，马自达在混合动力汽车上怕是已经比别人落后两圈、三圈了，所以我才想要在内燃机上取胜。于是，我们就不知不觉地实现了赶超。应该说这反而是托了主流认知盲目性的福。

逆转经营：
马自达的自救突围之路

## 努力学习，一介员工也能推动世界

**我**：这样精彩的逆袭手段竟然是由一介普通员工提出的，实在是太厉害了。当然，其实您那时候已经是管理层了，但在大家的感知里可能还是一位普通的公司员工。您是怎么做到的呢？

**金井**：因为我努力学习了。

**我**：哇，答案竟然是"学习"吗（笑）？

**金井**：不，也是通过各种手段去做的。首先是通过各种研究机构去调查并预测未来电动汽车的普及情况。然后是看内燃机的碳排放到底能不能做到混合动力汽车的水平，毕竟电动汽车的碳排放是零。然后，如果要做到混合动力汽车的水平，要多久才能赶超？电动汽车虽然不会产生碳排放，但发电厂发电总还是要烧汽油烧天然气的，源头不也是会有碳排放吗？我们就要调查发电时的碳排放是什么情况。

**我**：这就是金井先生，或者说马自达一直倡导的"Well-to-Wheel（油井到车轮）"吧。计算碳排放肯定要从发电厂开始算起才比较合理。从油田开采燃料到发电，再到电机带动车轮转动，应该用这一系列过程的总碳排放去和电动汽车对比才对。

**金井**：对对。还有就是，要看石油储藏量还能坚持到什么时候。非常庆幸的是，虽然我也是一介员工，但我有下属，那时候没少安排他们去做调查分析（笑）。

**我**：原来如此。学习调查之后有了绝对自信，这对普通的员工来说也能起到很大的精神支撑作用。说来惭愧，还要您这么具体地点明我才总结出来，确实理应如此。

**金井**：虽然我自己也有自信，但对找到理论支撑还是很执着的。找到的理论支撑越多，也就越发自信，所以可以一直坚持去说服其他人。结果就是现在"Well-to-Wheel"已经被编入经济产业省制定的汽车新时代战略中了。

我从很早以前就开始去经济产业省和国土交通省等部门做报告了，向他们说明"马自达为什么要走内燃机路线""关于内燃机的下一个目标在哪里""这么做之后，最终总体的碳排放能做到和电动汽车差不多"，等等。

**我**："还有"比起增加高价的电动汽车，改善现有的内燃机性价比会更高"。

**金井**：对，这个也讲了。用各种理论武装自己，讲了一遍又一遍。不过，当然也还是会有人坚持说"我听懂您的意思了，但我觉得还是应该发展电动汽车"。

**我**：就算是一介普通员工，只要通过学习找到自信，不断坚持，总有一天也能改变世界，至少有推动世界的可能。是这样吧？

说起来，我还听说金井先生您在去底盘部之后调查了世界上所有悬架的样式，还自己做了悬架模型。对于那些看了书还不懂的地方，您就在公司里到处问同事，问着问着提出的问题难度也不断加大，最后公司里已经没人能答上您的问题了。于是，最后有关悬架的问题大家都只能听您的了。有这回事吗？

**金井**：您这都是听谁说的啊（笑）。我以前确实比较喜欢学习。

### ●如果从发电厂开始计算碳排放，电动汽车的评价标准就会改变

2018年8月，经济产业省"汽车新时代战略"
中根据"Well-to-Wheel"视角整理出各种汽车的碳排放评价

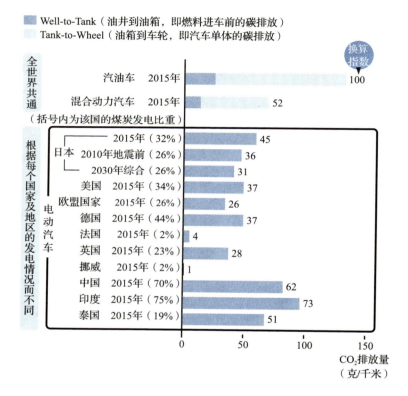

电动汽车的碳排放应该从发电厂燃烧化石燃料发电开始计算，加上这部分碳排放后，如果汽油车的碳排放量是100，混合动力汽车的碳排放就是52（2015年）。但是这一数据是世界平均数据，煤炭发电比重较高的国家、发电厂环保性能较差的发展中国家碳排放会更高，相应的电力驱动的电动汽车的环保性能也就更难发挥。在煤炭发电比重达75%的印度，电动汽车的换算指数也高达73%。日本在停止核能发电、煤炭发电比重上升之后，换算指数也从36%升至45%，数值逼近混合动力汽车。相反地，在水力发电比重高的挪威，换算指数就是1，因此能够最大限度发挥电动汽车的优势。

## 靠危机感牵着走并不健康

**我：** 非常感谢您这么长时间的耐心解答。最后想再问一点关于马自达未来的问题。马自达曾一度面临破产危机，后来加入福特旗下，也因此甚至一度染上"败者特性"。在接连不断的逆境打击下，马自达陷入了"Change or Die"的境地，也就是"不变就死"，这反而激发了马自达变革的动力。这应该是事实吧。

**金井：** 没错，是这样的。

**我：** 另一方面，在"创新制造"大获成功的 12 年后，进入马自达的新人已经越来越多了。当然，没有人会觉得现在已经满分了，但比起谷底时期，现在马自达的品牌形象得到了提升，业绩也有所改善。在这种情况下，要坚持今后依然不被常识绑架，不陷入追求部门个别利益的陷阱，继续保持远大志向，必须要有除危机感以外的动力吧？您认为那是什么呢？

**金井：** 首先我觉得，只靠"不努力明天就会破产"这样的危机感牵着走，就算一时有效，长期来看肯定是不健康的。我觉得最好不要靠危机感来增加动力。

大家都有目标，都为了目标想要努力证明自己，我觉得还是要靠"梦想"和"情怀"。比如说，为了听到客户说一句"坐马自达的车就是高兴"，想要"造出和德国车完全不一样的日本原创的好车"，想要得到"马自达是为社会做出贡献的企业"这样的口碑，或者是想给员工加更多薪水之类的。

**我：** 是吗？

**金井：** 能把工作做成这样的话肯定会令人很高兴，不是吗？

**我：** 高兴当然是高兴。不，确实会很高兴。感觉您这回答太过认真，我都不知道怎么回应了。说起来，您当时在公司内部宣布"创新制造"要做的是"畅想10年后的马自达"，也是挑在利润最高的时机宣布的吧？

**金井：** 是的。虽然心里很有危机感，但我并不想用危机感煽动大家。我就是很执着地让大家好好想想自己真正想做的是什么，别的什么条条框框都不用考虑。"你们想象中的世界第一的发动机、悬架等，现在哪家厂商做得最接近？我们要怎么做才能做出超越他们10年后的产品？资金不够？这都不是问题，你们先去想怎么能做出来。"

**我：** 好棒啊。我也好想被领导这么问。而且当时还是在公司利润最高的时候，大家都觉得前途一片大好，肯定更容易心生万丈豪情，比如想干脆就去赶超宝马之类的，会有梦想。

## 无论在多么艰难的时刻，梦想与志向都会给人力量

**金井：** 倒也没有那么单纯（笑）。企业确实应该讲梦想讲志向，只不过讲这些最好还是挑在发展顺利的时候比较好。

但我想强调一点，不论在多么艰难的时候，真正能提起员工信心干劲的，绝对不是"公司现在发展困难，大家要加油啊"这种话，而是"我们一定要做到这样给别人看看"这种梦想和志向。

**我：** 确实，确实是这样。

**金井：** 大家总说马自达实现了逆转，从数字上来看大概也确实是这样。但我自己觉得马自达做的这些都不过是依循市场规律，只不过是一步一步去做自己认为正确的事情而已。就我个人来说，倒是觉得这本书的标题应该叫《马自达：依循市场的经营之术》更好。

**我：** 啊，但是这样就无法传达出马自达的"特别之处"了。要是书名叫《马自达：令人惊叹的依循市场的经营之术》可能更好卖一点……

摄像：桥本正弘

现在这个时代，公众，尤其是公司职员都很难相信"坚持做正确的事必然能收获成果"，这时候坚持"依循市场规律"才是"有违常识的经营方式"。

**金井：** 反正，之后就凭读者看了书之后自行判断吧。

# 后记（附参考书目）

"请不要只是把我说的内容串联起来，千万别写成好像我的个人履历一样的形式。"对于此次采访，"创新制造"的领头人金井诚太先生唯一的要求，就是按照他的职业生涯轨迹去娓娓讲述"创新制造"，而非书写他个人的功劳簿。金井先生一直强调："我希望您能把自己听了我讲的话之后的想法也写进去。这样才会有附加价值不是吗？"背后的潜台词，其实是金井先生在教育笔者"志向太低"！

但作为一介小小职员，笔者不认为自己拥有对大企业经营者讲的话评头论足的能力。于是采访里有很多颠三倒四的引用，仿佛一个打破砂锅问到底的学徒一直缠着师父追问。也许有些地方看起来不太认真，但其实笔者在提问时确实是百思不得其解，都是很认真在提问的。还请各位读者见谅。

笔者能力有限，但脸皮较厚，不仅耗费了两年半左右的时间对金井先生进行了系列采访，还采访了见证"创新制造"历程的许多相关人员。尤其是被称为"MDI 先生"的木谷昭博执行董事讲述的技术方面的背景故事非常有趣，笔者兴致勃勃地写好了稿子,但后来发现仅仅是金井先生的访谈就已经大幅超出了预定的页数。事前没考虑好,后面开始慌慌张张,简直就是本书中金井先生讲的"CA管理"的活例子。那些笔者忍痛割爱删除的内容预计将刊登在"日经商务电子版"上,感兴趣的读者可前往阅读。在此笔者还要向两年半以来多有叨扰的马自达宣传部的各位致以谢意。

辩解的话到此为止,下面介绍一下本书主要参考过的一些书籍,里面不乏一些马自达改革的主要功臣们自己讲述的改革故事,请一定在阅读本书时结合参考,想必如此更能立体多面地了解当时的情况。由于篇幅问题,一些副标题在此省略。

《答案一定存在》(人见光夫著,钻石社)

本书中也曾数次提到这本书。此为SKYACTIV发动机的开发者人见光夫先生的著作。想要详细了解发动机开发部门的故事及技术的读者请一定不要错过。该书通俗易懂,故事令人热血沸腾,强烈推荐。

《设计改变日本》(前田育男著,光文社新书)

创造出"魂动设计"的前田育男先生的著作,从设计视角讲述了马自达的改革故事。与人见先生的书比肩,都是可作为工作方法论阅读的很有趣的书。里面还可以看到概念车"靱"的背景故事。

《革新 日本的轨迹17》(新经营研究会,购书需向该会致电或发送邮件申请)

书中直接收录了金井先生、藤原清志先生、前田先生、人见先生的案例发表会报告稿，里面还包含有现场问答实录，可以看到第一手的信息，是非常珍贵且令人激动的一本书。

《Spirit of Roadster》（池田直渡著，PRESIDENT 社）

汽车评论家池田先生的著作，讲述了马自达汽车制造现场的许多狂热到不可思议却非常打动人心的故事。"这话实在太过认真，直接这么写成文字看起来就像是年轻人的想法"，池田先生的这句感叹，在撰写本书时笔者打心底里产生了共鸣。

《The Goal 漫画版》（Eliyahu Goldratt/Jeff Cox 著，钻石社）
《为何会把优秀创意扔进垃圾箱？》（岸良裕司著，钻石社）

前者可通过通俗易懂的漫画读懂金井先生提到的"TOC（瓶颈理论）"。其实这本书是当时金井先生借给笔者的，他当时说"您应该更适合看漫画版吧"。说得太对了，笔者阅读此书时非常入迷。此书较少涉及"创新制造"与 TOC、CCPM 之间的关联，这部分内容可以参考后者，其中举了很多例子做非常详尽的介绍。

《工作顺利进行的 7 大铁则》（Ferdinand Yamaguchi 著，日经 BP 社）

此为日经 BP 社出版的读物，里面整理收录了笔者负责编辑的日经商务电子版《边跑边思考》栏目中马自达的访谈部分。笔者也正是在连载这些稿子期间发觉到"马自达的员工好像哪里有些不对劲"的。Ferdinand 先生变幻莫测旁若无人的采访风格也独具特色，笔者旁听时也获益良多。此书内容非常有趣。

《出云星系的后勤站》（林让治著，早川文库JA）

再推荐一本不同题材的书。这本作为思考实验的科幻小说，可以让您在娱乐放松的心情中了解金井先生多次提到的组织被所谓的"常识"和"自认为"所束缚的可怕之处。此书其实还触及了PD管理的精髓。本书也偷偷引用了此书中的一句话。

"技术人员与企业经营"这一主题，自1986年笔者工作前夕收到一位后来入职索尼的朋友的推荐，阅读了《CD是这样诞生这样改变未来的》（作者为天外伺朗，即原索尼董事土井利忠先生，钻石社绝版）一书后，一直都扎根在笔者心中，最后终于完成了本书写作。笔者再次感受到了收藏在自己书架上30年以上的"书籍"的力量。